Fica Comigo

Eurindo P. Braga A. Perez

Fica Comigo

1ª edição

São Paulo
SGuerra Design
2019

Projeto gráfico e diagramação:
SGuerra Design

Capa:
Wagner de Oliveira Junior

Dados Internacionais de Catalogação na Publicação (CIP)
Bibliotecária Juliana Farias Motta CRB7/5880

P438l Perez, Eurindo

Livro de versos e crônicas / Eurindo Perez. -- São Paulo : Sguerra Design, 2019.. 128 p.:
15x24cm

ISBN: 978-85-94237-41-5

1. Poesia brasileira.
2. Crônicas brasileiras.I. Título

CDD B869.8

Índices para catálogo sistemático
1.Poesia brasileira
2.Crônicas brasileiras

Sumário

Agradecimento

A publicação deste livro é um sonho bem antigo, que se realiza com a ajuda fundamental de várias pessoas. Algumas, infelizmente, não poderão ver concretizado aquilo que tanto ajudaram, direta ou indiretamente, a se tornar realidade.

Meus agradecimentos começam por um professor[1] que, lá pelos anos 60, sem dúvida foi o primeiro e maior incentivador deste escriba. Com 10 anos de idade, fiz uma redação (não me lembro o tema) como lição de casa, e o mestre a corrigiu escrevendo, com uma caneta vermelha e em letras bravas: "Copiou de onde?".

Em vez de me ofender, já que eu não copiara o texto de lugar algum, a mensagem me incentivou e animou a continuar nessa "arte". E aviso a vocês que não copiei de lugar nenhum as linhas mais ou menos traçadas aqui contidas.

Agradeço também a minha querida e saudosa tia Odette[2], a melhor professora de português que tive; a minha querida mãe[3], que sempre elogiou meus escritos; meu pai[4], que sempre que lia uma crônica me cumprimentava entusiasmado; minha saudosa esposa, que era

---

1 De cujo nome não me recordo.
2 Odette Pereira Braga
3 Eurides Pereira Braga Alvarez Perez
4 Ormindo Alvarez Perez

a primeira a ler e aprovar ou não o texto; meu filho, que sempre me inspirou; meu saudoso amigo Ernesto, que ousou publicar-me em seu jornal; o amigo Vavá, que também teve a coragem de publicar meus escritos no glorioso O Trombone; e — por que não? — as antigas namoradas, da época em que a comunicação escrita ocorria por meio de intermináveis cartas, que serviram como um "treinamento" intensivo do ato de escrever.

Também estendo meus agradecimentos àqueles que fizeram as ilustrações — Wagner (inclusive a capa), Eber, Pedron, Vera e André — e à minha querida amiga Ana, que me guiou no caminho por mim desconhecido da publicação de um livro. Assim, pude realizar o sonho daquele adolescente que pensava: "Ainda vou ser um escritor…".

Eurindo Pereira Braga Alvarez Perez

---

5 Nancy Oliveira Coelho Alvarez Perez
6 Andre Coelho Braga Alvarez Perez
7 Ernesto Veloso
8 Lourival Gomes Oliveira
9 Wagner de Oliveira Junior
10 José Eber de Goes
11 Carlos Eduardo Rocha Pedron 12 Vera Lucia Rocha Pedron Peres 13 Ana Paula Correa

Eurindo P. Braga A. Perez

Essa descrição define o autor na sua mais pura essência: Eurindo viveu seus melhores anos ao lado de sua esposa, Nancy, a quem dedica este livro.

Eurindo nasceu em uma família pequena, filho único de pai descendente de espanhóis. Seu avô paterno foi responsável pela construção de boa parte da riqueza arquitetônica da cidade de Santos. Seguindo seus passos, Eurindo formou-se em arquitetura pela Faculdade de Arquitetura e Urbanismo de Santos e desde tenra idade era apaixonado por literatura. E como não ser?

Superou uma doença grave, aprendeu a conviver com a au- sência de sua esposa (falecida em 2016) e descobriu, por meio da escrita, uma oportunidade de se reinventar. É um santista de cora- ção cunhense, que descobriu nesta pequena cidade — Cunha, no interior do estado de São Paulo — a felicidade.

Eurindo escreve desde a adolescência. Muito do que há neste livro reflete seus anos de juventude, quando transformou em ver- sos sua primeira paixão, sua primeira namorada… Também foram incluídas aqui dezenas de crônicas publicadas em jornais locais de Cunha.

Este livro reúne escritos de épocas diferentes, sendo possível realizar um apanhado histórico a partir do olhar atento do autor.

Sua sensibilidade e a riqueza dos detalhes de suas observações nos levam à reflexão e também ao amor.

Minha recomendação é de que o leitor abra o coração a cada nova página.

Dorme (1969)

Dorme, amor,

Que a noite é cruel.

Não pense em nada,

Nem em mim.

Que não sou nada também!

 Sonhe, sonhe com a paz

Porque só em sonho

Ela é plena.

Esqueça que a amo

Amor é sofrimento.

Dorme, eu gosto de você.

Satélite

Eu,

Sozinho estou

Satélite.

De uma órbita eterna

De sofrimento

Sou ator.

Num teatro vazio

Caminhante solitário,

De um deserto vermelho

Cheio de cactos asquerosos.

Tristezas chovem

Alegrias morrem

Escurece

A cor se desintegra

Morro.

Protesto

A massa,

O sexo

Sem nexo.

Estrutura Madura?

Insultos Convenção?

Essa não

Sem nome n. 1 (1970)

Teus carinhos

São espinhos,

Teus abraços

São espaços,

Teus beijos são lampejos,

Teu ser

É meu viver!

Sem nome n. 2 (1970)

- Partir? — Não posso

É preciso ficar

- Ficar é impossível

- Morrer? Não! É preciso viver

- Sofrer? Viver é alegria Não posso morrer

- Quero morrer

Viver é difícil

Morrer é fácil

- Que eu, então, viva!

Viver (1971)

Viver não é parar

E deixar as coisas como estão.

Viver:

É equilibrar

O dever com a paixão

- Mas não dá...

Sem nome n. 3 (1971)

O homem ama

Sem amor,

O soldado mata

Sem razão,

O louco grita

Sem motivo,

Jovens brigam

Sem paciência,

O mundo acaba

Sem saber.

Autodestruição (1971)

Razão, onde estás?

Desapareceste para sempre.

Amor, não existes.

Você não é mais necessário.

Paz? Para quê?

Violência resolve tudo!

Deixem as máquinas fazer o trabalho...

Elas raciocinam,

"Amam" e violentam,

Para nós e por nós.

Elas, na sua

Lógica mecânica e fria

Substituirão tudo...

Até chegarem à conclusão

De que,

O homem não é mais

Necessário...

Homem, onde estás?

Você sumiu, desintegrou-se

Virou nada, nem pó

Você... existiu alguma vez?

Comunicação (1971)

As pessoas falam,

As vitrolas tocam,

As rádios proliferam...

Jornais,

Cinema,

Teatro,

TV.

Porém, ninguém se entende!

Comunicação é

Boca!

Porém, ninguém se entende.

Amanhecer Moderno (1971)

O dia aparece,

Despertadores tocam,

Um odor de café

Se espalha pela manhã.

Motores esquentam,

Luzes se apagam,

Chuveiros são acionados,

Máquinas são ligadas,

Fumaças se espalham.

Gente se locomove!

Gente se mistura!

Gente, trabalha!

- Que monotonia...

Sem nome n. 4 (1971)

És meiga

Quando andas,

És pura

Enquanto vives,

És triste

Quando choras,

És o amor

Enquanto sofres.

És completa,

Não existes!

Estrada (1971)

Na estrada

Só

Se procura

Em vão

A Luz.

Sem sombra,

Sonhar

Doce loucura!

Viver

Amarga experiência.

Esperar

Morrer nunca.

Why

Cinzas, o que resta são

Lembranças.

Rostos de um fogo que

Não senti.

Em ti, eu senti

Que o mundo é uma droga.

What is happening to me?

What am I?

I don't know

Without you

I can't feel happiness

Because my heart is hurt…

Putz…

Chove (1968)

Chove,

Parece que, como eu, o céu chora também.

Mágoas de amor têm passos.

Ouço o andar

De diferentes pessoas que passam.

Estarão elas amando? Ou, como eu, sofrem

Lembrando de seu amor?

Que, como o meu,

Não quer saber se vivo

Ou se estou morto...

Sem nome n. 5 (1968)

Penso,

Vale a pena?

Sofro.

Questiono, por quê?

Vivo.

Que bom!

Amo.

Ah!!!

Sem nome n. 6 (1970)

O mundo ri,

Eu choro.

Sorrisos voam,

Eu, lágrimas.

Seres amam,

Eu, só.

Gente vive,

Eu definho.

Uns odeiam,

Eu amo!

Você

Quer dizer: não eu

Quer dizer: ausência

Saudade, amor

Paixão, sei lá...

Quer dizer: volte.

Quer dizer: esperança.

Destino (1969)

Um dia — o sol

Depois da meia-noite sem fim,

Deu lugar a insistente chuva.

Num telhado transparente

Nuvens escondem

Lágrimas que chovem.

Estrelas sem brilho

Oscilam sem cor,

Opacas, tristes

Estrelas impossíveis.

Que um dia se apagam

E nunca mais apareceu

E a noite se eterniza.

Sorriso (1969)

Tudo em volta é nada.

E o nada que era,

Tudo significava.

Um sorriso passa a ser

Uma maravilha universal.

E toda a ciência do mundo

Não tem valor.

Progresso? Bobagem.

Números são apenas números,

Frios e sem sentido.

E o simples sorriso

Se torna mais importante

Que qualquer coisa

Vista comumente como

Algo insuperável.

Pra quê? (1970)

Pra que serve

Minha juventude,

Minha vontade de viver?

Ando, só, na multidão.

Fico triste, quando você não está.

Onde está você?

Venha, fique comigo,

Nós dois seremos um.

Deixemos tudo,

O mundo pode viver

Sem petróleo,

Plástico,

Sem ferro

E sem aço...

Mas sem amor,

Ele não é mundo.

É uma esfera gelada

E vegetal.

Eras (1974)

Oh! Musa!

Lembra quando te banharas em sol?

E eu, o poeta,

Molhava o lençol,

Pensando em ti.

Tu tinhas, ah, eu lembro,

Um aspecto gentil,

Um corpo roliço (um ouriço)

E eu, pobre mortal,

Até esperava pelo quintal

Quando lavavas o sutiã

E outras peças mais a gosto.

Setembro.

Foi em setembro?

Não, foi num novembro.

Chovia, e eu ardia.

E como sempre te apreciava

Pelas frestas da janela.

E tu, na tua solidão,

Caminhavas nua,

Pelo lençol.

Eu tremia A vista.

Qual diafragma

Se fechava e se abria

Sonhava?

Mas, num clarão,

O trovão a janela fechou, e eu,

Voltei a ler Platão.

Ele e o Mustang (1974)

Chope. Um gole. Batatas fritas, Papos de sempre.

Ele com o Mustang, Nós, com o chope, O futebol, a praia

Garçom, mais um...

E ele com o Mustang. Ele para, abre a porta, Liga o Muntz Stereo

- Alemão legítimo.

- O chope.

Desce, calção florido,

Cabelos despenteados, sem camisa. Papo pro ar!

Merda na cabeça,

O volume do estéreo — Guitarras inconsequentes. Atrai olhos de

inveja.

A garota fácil, De corpo difícil,

De formas cheias, De cabeça oca.

Outra senta, Ele guia.

Nós olhamos

- Mustang?

- Legítimo, 74, última série.

- Isso anda que é uma coisa.

 - E a garota, cê viu?

- Um tesão.

- Traz mais um chope.

Paranoia (1975)

As batatas — estão fritas,

O ar é condicionado,

O concreto, armado,

O vento é fresco,

A floresta é virgem,

O serviço é puxado,

O treco é duro.

E eu,

Sou louco!

Paranoia number two (1975)

O sorvete era marrom,

E eu, verde amarelo.

Coisas da vida, sabe?

Coisas da vida, sabe?

O menino era pobre,

O homem era podre

De rico.

Coisas da vida, sabe?

Eu andava para trás,

O mundo girava torto.

Coisas da vida, sabes?

O azul era amarelo,

As caixas, retangulares.

Vida das coisas, sabes?

Vida das coisas, sabias?

Apocalipse (1976)

O meu mal é te querer bem.

Bem que eu queria...

Que risse a plateia inteira!

Eu teria coragem

De ser selvagem.

Afinal, o que é a selva

Senão um monte de mato?

Eu me mato nesse morro

Eu morro nesse mato.

Eu corro

Sem moto, sem prancha de surfe

Sem skate, Fuscão.

E nem saio em coluna social

Do Tavares, do João Carlos...

E disso eu me orgulho,

Que barulho esse silêncio!

Eu conheço e não mereço,

Eu despeço e não peço.

Eu, eu, eu tropeço

No capim, no cupim.

E viva a estrela.

Que quem não foi criança

Não morreu e quem sou eu

Fala Zaratustra ou Napoleão

Ou, quem sabe,

Freud...!?!?!

Aliás, sempre (1976)

Aliás, é hoje,

Que ontem,

Fica importante.

Por causa do medo

Do amanhã, hoje,

Da incerteza do agora.

Da tristeza do sempre,

Da alegria do nunca,

Mas tudo é tempo,

E o tempo não existe.

Lágrimas (1976)

Sinto uma lágrima correr no meu rosto.
E só uma lágrima
A correr no meu rosto.
É só uma lágrima,
Solitária, que nem eu,
Amarga como a dor
Que eu sinto em mim.
Triste, como eu estou.
Triste, como eu estou.
Fria, como meu corpo
Sem o teu.
Aborrecida como a sensação
De ter lhe perdido.
Mas a lágrima vai secar.
Eu fico assim,
Até que tudo em mim
Que é vivo, morra...
O que é melhor
Do que me ver
Acabar aos poucos.
Sem ilusão, sem ideal,
Sem vontade,
Sem você.
Seu amor.

Dúvida, da morte (1976)

Vejo a vida,

A vida não me vê.

Sinto a dor,

A dor não me sente.

Nuvens, muitas nuvens,

Chuva, muita chuva.

Sol, onde estás?

Só. Eu estou só.

É esse o preço do amor?

É esta a morte?

Ou será vida?

Sinônimo de dúvida,

De mágoa, de dor?

Amor, ouvi dizer, amor?

Dúvida, a dúvida da vida.

Dádiva? Viva?

Serás a diva, a dúvida?

A da diva?

Questão, és o meu ser,

Ou não ser.

Espero nascer

Ao invés de não ser.

Mas, no fundo - eu

Eu, eu não sei...

Fim de ano (dezembro de 1998)

Quase sempre o fim de ano é igual. No Natal, é aquela preocupação com cartões, presentes... Se bem que cada vez compramos menos presentes ou, então, mais baratos (e os donos das lojas de R$ 1,99 faturam). Talvez a ceia também tenha menos pratos saborosos, nos- sa aparência não seja mais a mesma; aquele sobrinho, quem diria, já está namorando, aquela cunhada assanhada largou o marido, ad- vogado ilustre, para ficar com o padeiro da esquina! E aquela outra sobrinha não virá também, foi acampar com o namorado no litoral. Coisas do mundo moderno...

Parece um filme velho e repetitivo: as pessoas se sentam nos mesmos lugares, falam dos mesmos assuntos, brigam pelos mesmos motivos de sempre. Como geralmente só se encontram nesses dias, ficam mais evidentes as diferenças, e no vapor do álcool ingerido para "comemorar" o nascimento de Cristo discutem e brigam, an- tecipando de certa forma a semana da paixão.

O Ano Novo também é meio parecido. Nem bem fizemos a digestão do que comemoramos no Natal e lá vamos nós de novo para a mesa. Na esperada meia-noite, lá estamos nós nos abraçan- do, cheios de esperanças pelo novo ano, como se para o universo mudasse alguma coisa.

Na verdade, o que importa nisso tudo é que estamos vivos,

que felizmente ainda temos em nossa companhia aquelas pessoas todas, mesmo que briguem, mesmo que discutam. Tudo bem, estão juntas! Num mundo cada vez mais egoísta e individualista, essa ins- tituição chamada família, de tantos prós e contras, deve com certeza continuar existindo, e com ela essas festas tão repetitivas.

Imagine a solidão dos "sem família" nesses dias festivos. Talvez estejam assistindo a uma televisão cheia de cores numa sala vazia de emoção, como companhia só um copo de uma bebida qualquer, escutando o barulho dos vizinhos e lembrando, com angústia, de noites mais alegres.

A vida assim vai seguindo, os dias se repetem, os problemas vêm e vão, o que é novo agora envelhece rapidamente, e ao olharmos na folhinha lá está outra vez: DEZEMBRO.

Utopilândia (Abril de 1999)

Utopilândia parece uma cidade como outra qualquer. Tem pessoas, casas, automóveis, igreja, cemitério; enfim, nada demais. Porém, nela existe uma divisão de bairros bem diferente. Há o bairro da alegria, por exemplo. Nele moram aquelas pessoas alegres e felizes, a farmácia local só vende remédios para resfriados e pequenas dores de cabeça, perfumes... A igreja só celebra casamentos e batizados, no cinema nada de dramas ou desastres, só comédias, nos demais pontos comerciais só balconistas sorridentes e atenciosos. Tudo isso em casas pintadas com cores alegres e vistosas. Já no bairro da tristeza moram aquelas pessoas amarguradas. A igreja local só celebra missas de corpo presente ou de sétimo dia, a farmácia vende aqueles remédios pesados para doenças graves, no cinema só tragédias. Lá também estão o cemitério, o vendedor de caixões de defunto, os advogados, os dentistas, médicos e o hospital só para doentes, já que o setor de maternidade fica lá no bairro da alegria. Onde ficariam, então, a prefeitura e a câmara de vereadores? Em Utopilândia, existem dois locais para abrigá-las, um em cada bairro. Se a população estiver satisfeita com seus representan- tes, eles ficam no bairro da alegria. Caso contrário, Utopilândia

Castelo shopping

Era uma vez uma velha bruxa, com aquele narigão enorme, tão ou mais feia do que essa que você deve estar imaginando agora.

Porém, esta tinha uma diferença do padrão tradicional das bruxas: era rica. Havia se casado com um príncipe cego, que morreu no dia em que fez um implante de córnea e voltou a enxergar.

Como ficava sozinha em seu imenso castelo, começou a se cansar de passar os dias fazendo bruxarias no seu enorme caldeirão, que funcionava com micro-ondas, e de esparramar o mal via internet.

Resolveu, então, dividir seu imenso palácio, e fazer dele um grande centro comercial. Afinal, a localização era privilegiada e muitos turistas já andavam pelas redondezas... E assim foi feito, depois de inúmeras brigas com engenheiros e pedreiros, até ficar do jeito que ela queria (consta que nenhum deles conseguiu mais serviço nas redondezas, mas essa é outra história).

Finalmente pronto, o grande empreendimento foi inaugurado com uma festa enorme, em que tudo era de graça. Como oportu- nistas e políticos só andavam atrás de ricos, ainda que fossem bruxas ou bandidos, a festa foi um sucesso total.

Iludidos com tanto alarde, pobres e incautos comerciantes alu- garam todas as lojas, pagando um aluguel alto, pois pareciam todos "encantados" com o local. Investiram tudo que tinham.

Porém, com o passar do tempo, as nuvens negras do vapor do caldeirão da bruxa proprietária parece que desceram do topo do castelo em que ela morava. O Bruxicenter vivia vazio, sem fregue- ses, sem turistas; nem o bruxo, esse mais poderoso, que era o rei daquela região, aparecia.

Mas ninguém tinha dúvida de que o problema maior era sem dúvida a proprietária, que se irritada com atrasos de pagamento e vivia a voar com sua vassoura importada pelo teto do Bruxicenter, gritando palavrões e rogando praga nos pobres comerciantes.

Isso acabou de vez com o empreendimento. As pessoas sequer passavam na frente do castelo. Os lojistas fugiram, deixando tudo para trás.

Hoje está tudo em ruinas. Dizem que a bruxa ainda mora lá no topo e continua com seus passeios de vassoura, mas sabemos que ela mora no Paraguai, onde fabrica produtos importados do mundo inteiro e financia uma quantidade razoável de campanhas políticas aqui no Brasil.

Beliscar e assoprar (Julho/1999)

"Beliscar" todo mundo sabe o que quer dizer, "soprar" também. Quem nunca levou um beliscão do pai, da mãe ou até da namo- rada? Quem nunca soprou um ferimento, quando nele se colocava iodo, para diminuir aquele ardido? Mas quando esses dois verbos se juntam adquirem um significado bem mais amplo, e definem muito bem certos tipos de pessoas que com certeza todo mundo já encontrou neste mundo:

1) Os "belisca e assopra" são aqueles indivíduos que gostam de perturbar nossa vida, falar mal da gente, nos prejudicar de to- das as formas possíveis e imagináveis. Depois, vêm com aquela cara de Madalena arrependida nos pedir desculpas e nos elo- giar, mas às vezes o beliscão foi tão profundo que não há sopro que dê jeito. Inclusive, sabemos que mais cedo ou mais tarde lá vem outro beliscão, seguido do invariável sopro. São uma espécie encontrada em abundância em qualquer família, geral- mente desenvolvem sua maneira de ser em reuniões, festinhas etc. Entre políticos há milhares deles. Na campanha eleitoral, são só beliscão nos adversários; eleição terminada, dá-lhe so- pro. Ou seja, o beliscão fica só para os eleitores.

2) Os "belisca e não assopra" são terríveis. Poderiam ser chamados de "inimigos" também. Jamais se arrependem das maldades, in- júrias, calúnias etc. Mas têm uma vantagem: deles você sabe que só vem beliscão, não há nem um soprinho pra refrescar.

Também existem muitos deles nas famílias. Inclusive, são os grandes responsáveis pela desunião entre parentes, sendo capazes de brigar, em disputas por heranças, pela posse de um armário velho e estragado como se brigaria por um cordão de ouro.

Na política são meio raros, e estão naqueles partidos radicais. Elegem-se graças a beliscões variados no poder e, quando chegam lá, continuam beliscando até a si próprios, achando que a política se resume a atirar pedras nos poderosos.

3) Os "só assopra" também poderiam ser chamados de "puxa-sacos", mas seu sopro acaba geralmente enchendo o nosso, com o perdão da palavra, saco... Essa espécie se encontra aos montes em todos os lugares. São na realidade grandes fingi- dos, pois ninguém na verdade pode simpatizar e concordar com todo mundo a toda hora. É claro que seus sopros são cheios de segundas intenções, interesses pessoais etc.

Qual a família que não tem desses? Os políticos, então, nem é bom falar, pois são sopradores tão profissionais que, juntos, seriam capazes de impulsionar as velas de um veleiro enorme (eles bem que poderiam entrar nesse barco e ir para bem longe da gente).

O importante, na verdade, é que entre "beliscões" e "sopros" nós possamos sobreviver neste mundo que quase só belisca. Que cada um possa achar um sopro de felicidade, um sopro de amor, pois só assim o beliscão do ódio doerá menos na gente.

16... (Agosto/ 2001)

É, meu filho, o tempo voou... 16 anos...

Você é quase um adulto. Atualmente, é verdade que ficamos adultos mais cedo, pois as coisas mudaram.

Em compensação, demora-se mais para ficar velho.

Já passei por isso, não lembro muito bem (faz tempo!). Os 18, sim, na minha época eram a idade mágica! Era a maioridade, era liberdade (era nada, nunca foi).

O número mágico agora é o 16... Com 16 pode-se votar, diri- gir. O que são dois anos de diferença, afinal?

Parece que foi ontem... Você não sabia falar nem andar — não sei se lhe ensinei essas coisas ou se você as aprendeu por imitação. Não reclamava de nada, só chorava quando alguma coisa perturbava.

Hoje, você fala, reclama e exige — tudo bem, é o certo e o natural... Sei que essa idade mexe com sua cabeça (com a minha tam- bém). Você não é mais uma criança, mas também ainda não é um adulto (que sorte a sua!).

É um adolescente (dizem por aí, "aborrecente").

A vida, o mundo, as pessoas. Tudo muda de cara e de jeito. As regras são outras, não foi você quem as fez (nem eu, viu?). Parece tudo errado. Por que ir à escola? Por que estudar isso? Por que não posso ir dormir à hora que quero? Por que comer isso? Por que não tenho aquilo?

O mundo louco vai exigindo outras coisas — algumas delas eu já entendo (?), você não.

O mundo exposto em vitrines e em telas de TV e computado- res é bem mais fácil.

O seu colega, o seu amigo, conta histórias, fala outra língua, a sua língua...

O tom é diferente do meu. Não tem preocupação, apreensão, medo... Ser jovem é não ter medo. Parece que não há nada a perder, porque não sabemos direito o que temos, ainda que tenhamos um bem maravilhoso chamado VIDA.

Viajamos numa nave fantástica, e queremos saber onde fica o motor. Por que estamos aqui? Para onde essa coisa vai nos levar? Não sei...

Você, quem sabe, descobrirá (espero). E se eu ainda estiver por aqui, me conte como é... Senão, escreva umas palavras sobre isso para seu filho quando ele fizer 16 e tudo bem.

Passageiro (Agosto/ 2001)

Diz o provérbio (na verdade, uma brincadeira): "Tirando o cobrador e o motorista, o resto é passageiro".

A vida é mais ou menos como um ônibus. Nela embarcamos ao nascer, passamos pelo cobrador e procuramos um lugar para sentar. Temos que confiar no motorista e torcer para que ele nos conduza no caminho certo.

Nesse ônibus da vida, porém, muitos passageiros se esquecem de que são "passageiros" (no outro sentido dessa palavra) e se esparramam nos assentos, querem sentar perto da janela, na frente, nas melhores poltronas, pois se acham superiores aos outros que, coitados, viajam em pé, pendurados e apertados, enquanto os "pseudoimportantes" ficam impassíveis e arrogantes, nem olham para dentro, se deliciam com a paisagem de que eles, privilegiados, podem usufruir.

Mas (há sempre um "mas" na vida) esquecem-se de que o trajeto do ônibus é incerto e que o Motorista (assim mesmo, com "m" maiúsculo) pode mudar o rumo para caminhos diferentes do que pensavam esses "ilustres" viajantes. Ele pode tombar o veículo, deixá-lo cair num abismo qualquer do destino, e desta forma as coisas "viram". E como o nosso motorista é especial, ele consegue fazer o ônibus seguir em frente e inverter tudo: aqueles que vinham sentadinhos, agora se penduram no teto assustados, e arrependidos pensam:

- Puxa vida, se eu não tivesse sido tão egoísta, poderia agora estar confortavelmente sentado...

Se alguém pudesse olhar para o rosto desse motorista veria um senhor de barba e longos cabelos brancos, com um sorriso nos lábios, e de repente parar num ponto e dizer:

- Aqueles que pensavam ser mais que os outros podem des- cer aqui no Inferno. Os outros seguem comigo, nosso destino final é o Paraíso.

Abecedário da Silva (Setembro/1998)

- Abecedário da Silva!

- Presente, 'fessora!

Começava assim mais um dia de aula. Os colegas já não riam mais desse estranho nome. Já haviam se acostumado, e até apelida- ram seu dono com a singela alcunha de "Abecê".

Abecedário. Era bom menino, atento, dedicado, comportado, um pouco retraído, talvez pelo nome que carregava.

Não tinha culpa, porém. Descobri que o pai, um rude trabalha- dor rural, pouco conhecedor das palavras, em suas raras andanças pela escola quando menino se encantara pela palavra "abecedário" e julgava que alguém com esse nome teria meio caminho andado para dominar as letras — habilidade que ele particularmente não dominava.

Porém, isso pouco adiantou.

Abecedário foi obrigado a sair da escola — por ironia, antes mesmo de conhecer todas as letras. Precisava trabalhar, ajudar a família, coisas deste Brasil de poucos letrados.

O tempo foi passando, muitos alunos vieram e foram, alguns também com nomes estranhos, mas nunca pude me esquecer do Abecedário.

E foi por obra de um desses caminhos sinuosos do destino que um dia eu me encontrei com ele. Moço, pele queimada do sol, forte, calejado pelo trabalho árduo da roça. Levava pela mão um miudinho pálido que, orgulhoso, me apresentou dizendo:

- Olá, 'fessora, este é meu filho. Ele está indo para a escola!

- Muito bem — eu disse. — Qual é o nome dele? Abecedário olhou para o menino e falou com voz emocionada:

- Alfabeto da Silva!

Felicidade (Junho/ 2003)

Passamos praticamente a vida toda à procura da felicidade. Ainda bebês, só paramos de chorar no colo das nossas mães, e nesses momentos experimentamos as primeiras sensações desse sentimento especial.

Crescemos, e pouco a pouco essa busca se torna mais exigente e difícil. Na escola, as férias geralmente são os momentos felizes, mas um brinquedo ou uma visita à casa da avó são pequenas gran- des coisas que nos alegram o coração.

Chega a adolescência. Ah! Aí as coisas começam a se com- plicar mais e mais. Ouvimos dizer que para ser feliz é preciso ser rico, ter dinheiro, e por isso temos que estudar para com um diploma alcançarmos essa riqueza. Influenciados por uma so- ciedade essencialmente consumista, acabamos acreditando nessa mentira e sonhando com um carro conversível para conquistar aquela garota.

Sabemos que, na prática, não é bem assim que as coisas fun- cionam. Muita gente com diploma na mão às vezes fica rica e ad- quire prestígio, mas não é feliz. Outros procuram a felicidade atrás de um balcão, e ficam olhando a vida passar lá fora. Acham-se fe- lizes assim, e só bem tarde descobrem o erro que cometeram.

A tal felicidade, onde anda? Onde se esconde?

Podemos encontrá-la em momentos, em situações aparentemente simples: caminhar na areia da praia num dia de verão, pés descalços, mãos dadas com alguém especial; ouvir uma música, bei- jar a primeira namorada, presenciar um sorriso do filho querido, olhar um pôr do sol. Tudo simples e independente de dinheiro.

São pedacinhos de felicidade que vamos empilhando um a um durante nossa vida com uma cola chamada saudade ou costurando com uma linha muito forte chamada amor.

Com certeza, mesmo aqueles que conseguem ser felizes de maneiras diferentes sabem que serão sempre momentos, alguns demo- rados, outros nem tanto. A felicidade vai e volta, por isso, ela é tão valorizada.

Estamos sempre à sua procura, mesmo de bengala na mão, esquecendo que ser feliz é simples demais: ame alguém e faça com que essa pessoa sinta seu amor, pois a felicidade é também um espelho que reflete aquilo que irradiamos. Em palavras mais simples e diretas: ame e seja amado!

O homem invisível (Agosto/ 2002)

Com a proximidade das eleições, a grande maioria do eleitorado já começa a se ver com dúvidas e incertezas. Qual seria o candidato ideal? Existiria alguém perfeito?

Claro! Existe! Quem é ele?

Ninguém menos que o "homem invisível"! Vocês já viram pessoa melhor?

- Não!

Nem ele...

Imagine que maravilha seria a campanha no horário eleitoral da TV: ele não apareceria! Somente no rádio escutaríamos sua voz.

Cartazes, camisetas, santinhos, faixas com foto? Nada disso! Seria alguém que não faria cara de bonzinho, maquiado e produzido, num debate qualquer. Não sendo visto, poderia saber de verdade se aqueles que o apoiam são honestos ou não.

Seu governo seria da maior transparência. Nenhum publicitá- rio conseguiria trabalhar sua imagem. Jamais apareceria na televisão, nem nas periferias das cidades carregando crianças no colo. Seu slogan de campanha seria de uma simplicidade franciscana: "Você nunca viu alguém assim!".

Depois de eleito, se poderia dizer: "Veja o que ele fez". E se- ria de fato sua obra. Adicionalmente, ele jamais poderia gostar de aparecer.

Não seria eleito por sua beleza física, teria só a voz para convencer os eleitores, nenhum adversário poderia acusá-lo, dizendo que o vira em algum lugar em atitude suspeita.

Seria o candidato ideal, nunca visto em lugar nenhum. Imune a atentados, dispensaria seguranças. Andaria por aí des- percebido, quem sabe se inteirando das ações de que o povo real- mente precisa.

Suas obras visíveis é que apareceriam, não ele, diferentemente de certos políticos que são visíveis demais, com suas obras invisíveis.

Na urna eletrônica, essa máquina de fazer vencedores, não se-ria confundido com outro qualquer.

Sem dúvida, a salvação da pátria, o político ideal, aquele que faz o que todos podem ver, sem a preocupação de ser visto!

Infelizmente, alguns políticos se tornam invisíveis quando eleitos, pois somem depois de conseguirem o cargo, por culpa da- queles que neles votaram: são míopes e cegos, para os quais o po- der estabelecido jamais dará os óculos do conhecimento e do saber, com medo de serem vistos e descobertos.

Existe um ditado: "o pior cego, é aquele que não quer ver".

Nesse caso, seria: "o pior cego é aquele que não pode ver".

Significados significantes (Julho/ 1999)

Segundo o professor e pesquisador Assombroso Ortográfico, da Universidade de Espanto Gramatical, depois de inúmeros segundos de pesquisa cansável em bares e botecos da vida e de ter passado por várias faculdades de Filosofia e Educação Física (sem nunca ter entrado em nenhuma delas), nos revelou alguns significados de palavras da nossa incuta e bela língua portuguesa:

PROFESSOR — "pro", uma palavra de origem arábica, signi- fica pouco, e "fessor", palavra de origem taubateana, significa salá- rio. Ou seja, professor quer dizer POUCO SALÁRIO.

POLÍTICA — do gregorial "poli", que quer dizer muito, muita, e do aramaico neozelandês "tica", que quer dizer sujeira. Resumindo: MUITA SUJEIRA.

BRASÍLIA — "bras", palavra de origem anglo-saxônica, sig- nifica corrupção, e "ilia", do ignorantês, quer dizer ilha. Ou seja, ILHA DA CORRUPÇÃO.

JUSTIÇA — "jus", do advoguês, quer dizer pobre, e "tiça", uma expressão do tupi-guarani, quer dizer "não tem vez". Ou seja, POBRE NÃO TEM VEZ.

SINDICATO — "sindi", do são-bernardês, quer dizer os che- fões; "cato", do dialeto petersellerianês, quer dizer não trabalham. Ou seja, OS CHEFÕES NÃO TRABALHAM.

APOSENTADORIA — "aposen", do ieneesseessês, significa esmola, e "tadoria", do dialeto asilês, quer dizer velhinhos. Ou seja, ESMOLA PROS VELHINHOS.

LEI — esta palavra, que antigamente se escrevia "leyh" na tri- bo dos alcaneis, quer dizer FEITA PARA NÃO SER SEGUIDA.

COMPUTADOR — "compu", do billgatês, quer dizer má- quina, e "tador", expressão idiomática de origem desconhecida, sig- nifica diabólica. Ou seja, MÁQUINA DIABÓLICA.

BANCO — "ban", palavra de origem luso-portuguesa, sig- nifica aspirador, e "co", do dialeto pigmeu-minusculoso, quer di- zer nosso escasso dinheirinho. Então, ASPIRADOR DO NOSSO ESCASSO DINHEIRINHO.

O professor Assombroso promete voltar no próximo número com mais palavras e seus significados, a não ser que o psiquiatra res- ponsável por seu tratamento intenso não permita (o professor está fazendo um regime rigoroso, só toma sopa de letrinhas).

Significados significantes
Parte 2 (Outubro/1999)

Atendendo a muitos pedidos (dois, de minha mãe e do meu pai), o ilustre professor Assombroso do Espanto Literário, ataca de novo com seu "dicionário" sobre a origem de certas palavras da nossa tão maltratada língua portuguesa.

DEMOCRACIA — Não é, como todos pensam, governo do povo. Esta palavrinha, muito usada ultimamente, tem outro significado: "demo", do infernês, significa Antonio Carlos Magalhães, e "cracia", do baianês, significa quem manda. Ou seja, QUEM MANDA É O ACM.

POBREZA — "Po", do invocadês, significa culpa, e "bre- za", do miserês, quer dizer governo. Ou seja, A CULPA É DO GOVERNO.

LOTERIA — "Lo", do panificadorês, quer dizer única, e "te- ria", do insensatês, quer dizer esperança de pobre. Assim sendo: ÚNICA ESPERANÇA DE POBRE.

IMPOSTO — "im", do chinês arcaico, significa dinheiro, e "posto", do dialeto gasolinês, quer dizer perdido. Assim sendo, DINHEIRO PERDIDO.

POLÍTICA — "pol", do polonês onomatopaico, quer dizer bandido, e "ítica", do hebraico sorumbático, não tem medo. Ou seja, BANDIDO NÃO TEM MEDO.

EMPREGO — "Em", partícula latina americana, signifi- ca coisa, e "prego", do carpinteirês, muito rara. Ou seja, COISA MUITO RARA.

TELEVISÃO — "tele", do silviossantês, quer dizer caixa, e "visão", do oculistês, significa besteira. Assim sendo: CAIXA DE BESTEIRAS.

METEOROLOGISTA — "Meteoro", do erradês, quer dizer viver errando, e "logista", do mercantilês burro, significa aquele. Ou seja, AQUELE QUE VIVE ERRANDO.

O professor Assombroso adverte: falar errado faz mal para os ouvidos.

Tempo (Março/1999)

Desde o instante mágico em que o óvulo de nossa mãe é fecundado, tornamo-nos escravos do tempo.

Depois de nove meses, se tudo der certo, nasceremos num dia, mês e ano quaisquer. A partir desse momento, não tem mais fim a nossa dependência total do relógio e da folhinha.

"Como ele está forte com quatro meses!" "Não esqueça as vacinas todo mês!"

E aí começam os aniversários: um, dois, três, quatro, cinco, seis e pronto. Temos de ir à escola naquele horário, naqueles dias, e a nossa boa vida sem compromissos com o relógio termina sem a gente entender nem perceber por quê. Estava tão boa aquela vidinha, dormir quando tivéssemos sono, acordar no meio da noite pra pedir um copo d'água, tirar uma soneca no depois do almoço... O tempo vai passando e vamos aprendendo aos poucos a viver em função dessa lógica antiga e escravizadora. Aquela prova difícil de matemática será segunda-feira, às nove horas, então temos de ir dormir cedo, às dez no máximo. Não podemos mais assistir àquele filme na TV. Vamos ao dentista ou ao médico? Marque a hora! Não perca a hora do ônibus!

Ah, aquela hora que não chega nunca do encontro com a primeira namorada, cujo pai é antigo e exige que ela chegue em casa às dez horas. E sair, só aos sábados. Mas pior é esperar por ela numa esquina, quando os ponteiros do relógio parecem estar parados.

Pronto, estão marcados dia, mês e hora do casamento! E lá está no convite: dia tal, mês tal, em tal horário... Se bem que geralmente a noiva não liga muito pro horário.

Recém-casados (aí a gente não vê a hora...)! Que alegria. E nasce o filho (depois daqueles tais nove meses) num belo dia, mês e hora, data que a gente nunca mais vai esquecer.

No meio disso tudo, uma infinidade de datas marcantes, aniversários, natais, festas. E também as horas extras no serviço, dias de pagar as contas, horas intermináveis em filas de banco, dias cansativos de trabalho, meses curtíssimos de férias e anos contados na carteira de trabalho para finalmente nos aposentarmos com aquela "fortuna" (exceção feita aos políticos, é claro).

E assim se vai vivendo, o relógio virando freneticamente os ponteiros, as folhinhas despencando os meses e dias e o nosso reló- gio biológico parecendo estar adiantado demais.

De repente marcamos horários demais com o médico, um monte de remédios pra tomar naquelas horas certas, dormimos frente à televisão assistindo à novela das oito (que nunca começa as oito).

E, pronto, lá fomos nós para onde o tempo não é mais marcado.

"Coitadinho, morreu às dez horas e vinte minutos desta sex-
ta-feira. Ele bem que podia ter durado uns meses mais..."

E se então você pensar que nos livramos desse exagero de mar-
cação do tempo, puro engano. Uma semana depois tem a missa de
sétimo dia, depois a de um mês, a de um ano... E se ainda houver
alguém que se lembre de você depois, mandará rezar uma missa
anual no dia do seu aniversário.

Lá no túmulo, uma placa resumirá friamente toda a sua vida em
duas datas: a do nascimento e a da morte.

Futuro?! (Março/ 1999)

Talvez alguém possa achar engraçado ou até ridículo imaginar Cunha, daqui a dez ou vinte anos, repleta de construções, automóveis e, o mais importante, gente.

Ninguém tem bola de cristal para enxergar tudo isso, tampouco podemos afirmar categoricamente que será assim, mas vamos supor que aconteça. Tente visualizar como seria. Com certeza, algo bem complicado e confuso. Nossa cidade é antiga, tem ruas estreitas, topografia acidentada e o pior: nenhum planejamento urbano ou norma para novas construções. As casas são construídas sem re- cuos, no alinhamento das ruas, ou seja, sem se pensar no futuro que está aí, batendo à nossa porta.

Sentimos até pena dos futuros habitantes, dos planejadores de novas avenidas e ruas, do departamento de trânsito. Com certeza falarão muito mal de nós, os antepassados, que não pensamos nisso tudo. E não há a desculpa que tiveram os fundadores da cidade, pois antigamente não era possível imaginar tão claramente o futuro, algo bem diferente hoje... além de morrerem de inveja da gente, nós, os felizardos que vivemos aqui numa época tranquila e sosse- gada. "- nós com certeza iremos dizer (pelo menos quem sobreviver até lá, é claro)...

Qualquer pessoa pode observar isso hoje. É só andar por aí e reparar um pouco: residências são construídas no alinhamento das ruas e avenidas, e quando têm calçadas elas são tão estreitas que mal dá para uma pessoa caminhar. Naturalmente, falamos de bair- ros mais novos, como Falcão, Cajuru, entre outros. Sabemos que a parte antiga, ou seja, o centro da cidade, tem que ficar como está, talvez com um calçadão e um estudo bem elaborado do já confuso trânsito desse local.

Sabemos que não é fácil impor restrições quanto à ocupação de lotes, quase sempre de dimensões reduzidas, e aquele que quer construir nem sempre está preocupado se no futuro a frente de sua casa estará numa rua movimentada e barulhenta.

Além do mais, os políticos têm medo de desagradar seus eleitores, e vão deixando as coisas como estão. Para eles, o futuro é ser eleito de novo e tudo bem.

Resta a nós, simples mortais, rezar para que no futuro, quem sabe, os automóveis possam voar, que guindastes superpossantes removam as construções ou alguma solução mágica seja encontrada. Solução essa que seria bem mais simples se fosse adotada já agora, no presente.

Zeros demais (Fevereiro/ 2000)

Nós, os terráqueos, somos muito estranhos mesmo. Está todo mundo (bem, quase todo mundo) numa neurose ridícula só porque agora, com o início do ano 2000, vai "zerar" tudo. Tem até gente achando que o século XX termina agora, quando na verdade isso só ocorrerá no fim do ano, porque o século XX iniciou-se dia 1 de janeiro de 1901. Assim, se somarmos 1901 e 100, o resultado será 2001. A mesma coisa com o falado terceiro milênio: ele só começará em 2001 também. Para desespero de muitos.

Pobres mortais, preocupados com números sempre, sejam eles anos ou os preocupantes saldos bancários nossos de cada dia — es- ses, sim, números terríveis e decepcionantes.

Alguns casais chegaram até a programar o nascimento do filho para o dia 1 de janeiro de 2000. Assim o felizardo pimpolho, quem sabe, ganha notoriedade na mídia, como se isso fosse garantia de uma vida feliz.

A verdade é que, para o universo, essas datas nada significam. O calendário, como demarcação do tempo, foi inventado pelo próprio homem, talvez algum dono de tipografia, para fazer folhinhas para o comércio dar de brinde aos fregueses. Mesmo assim, muita gente acha que algo vai mudar. Alguns malucos acham até que o mundo vai acabar, só por causa dos benditos zeros.

O que as pessoas teimam em não saber é que, se as coisas mudam para pior ou para melhor, o calendário nada tem a ver com isso. Não será uma mudança de dígitos que vai fazer essa transformação. É interessante ver esse misticismo todo num mundo tão avan- çado em tecnologia, no qual, pela internet, se aprendem simpatias e receitas de bruxaria.

Com essas e outras, neste fim de ano o Natal ficou mais esque- cido ainda, e quase ninguém se lembra de que o aniversariante desse dia completou 2 mil anos.

Mas essa contagem de tempo não tem graça. O que importa é a passagem do ano, do século, do milênio, tudo uma desculpa esfarrapada para muito foguete, bebida, batucada. Porém, no dia seguinte, tudo volta ao normal. O sol nasce sem saber que ano a folhinha está marcando, e infelizmente os muitos abraços de con- fraternização são logo esquecidos, as muitas ideais de mudança de vida ficam pra trás, e ficamos nós de novo a esperar a nova passagem de ano, quando na verdade a esperança, a amizade e o amor não precisam de datas marcantes para que sejam celebradas, assim como o universo e a nossa alma também não entendem nada de datas.

Chuva leve, garoa

Geralmente, só aqueles que plantam e os fabricantes de guarda-chuvas ficam contentes com a chuva. Também alguns românticos apaixonados, que são capazes de esperar por seu grande amor debaixo de um aguaceiro daqueles e nem se importam.

Quando chove, costumamos ficar aborrecidos, amaldiçoamos o "mau tempo", reclamando do velho e bom São Pedro.

— Caramba, não tem praia hoje! Justo hoje foi chover? Estou de férias! Essa não...

Recorremos às capas e aos guarda-chuva. Por que será que o guarda-chuva tradicional é preto? Para combinar com as nuvens carregadas ou é "luto" pela ausência do sol? Já os guarda-sóis são coloridos...

Esquecemo-nos de como é gostoso o cheiro da chuva que mo- lha a terra quente num dia de verão, de como é hipnotizante ver as folhas das árvores balançando ao vento como se estivessem alegres por beber o líquido vital de suas vidas, de como nos sentimos revigorados ao caírem no rosto as gotas que molham os olhos como lágrimas de alegria, de como é delicioso pisar descalços nas poças d'água, como crianças (recordando ao mesmo tempo da infância, quando a mãe, se visse, xingava: "vai ficar gripado, menino!"), da sensação inebriante de ficar com os cabelos molhados, escorrendo água pelo pescoço, vendo flores encharcadas e sorridentes, agradecendo a dádiva dos céus.

A chuva tem todos esses poderes, além de outro bem mais "simplório" e significativo, que é o de servir de desculpa para iniciar uma conversa com alguém:

— 	Está calor hoje, não? Será que chove?

Opinião pessoal (Outubro/ 1993)

O ser humano é muito estranho. Gasta fortunas para viajar pelo espaço e conhecer outros planetas, outras galáxias, o desconhecido. Mas o homem pouco conhece de si mesmo. Não viaja dentro de si, não se explora, não sabe direito quem ele mesmo é.

Por que cada um de nós não viaja através de si próprio? Que medo é esse? Temos coragem de nos aventurar no infinito, mas dentro de nós mesmos não damos um passo à frente. Por que não deciframos os mistérios de nossa própria mente, por que não conse- guimos explicar certas atitudes, certas incoerências?

Ficamos preocupados com a fome no mundo e realizamos banquetes em congressos sobre a desnutrição. Discutimos as guer- ras à frente de painéis com botões que, se acionados, tudo destrui- rão. Queremos acabar com a aids e no cinema, teatro e televisão só se incentiva o sexo. Pensamos no futuro das crianças e as mas- sacramos nas ruas. Também nos preocupamos com os índios e os executamos covardemente. Queremos democracia e elegemos corruptos. Desenvolvemos altas tecnologias e muita gente mora sob pontes e viadutos.

Talvez seja por esse motivo que o homem não tenha coragem de enviar uma missão de "astronautas" para dentro de si mesmo. Eles poderiam ver todas essas coisas e, sem dúvida, essa "missão" se- ria de alto risco. Nós poderíamos acabar morrendo... de vergonha...

de nós mesmos...

Diz a história que o nosso glorioso Santos Dumont, o inventor do avião, suicidou-se ao saber que seu invento estava sendo usado para matar gente na guerra. Aquela maravilha, aquele sonho de Ícaro, sendo usado para o mal.

Se vivo ainda fosse e visse a evolução que teve seu velho 14 Bis, teria ficado orgulhoso e feliz: nenhuma metralhadora ou bomba a bordo, mas ar-condicionado, poltronas confortáveis, cinema, co- mida sofisticada etc. Tudo para transportar pessoas com segurança e conforto.

De repente, porém, tudo vira uma arma com um poder assustador de morte e destruição. Os seres humanos dentro daquela estrutura, servindo de carga para detonar enormes explosões, gen- te morrendo torturada e assustada dentro do maravilhoso "pássa- ro metálico", quatro belos aviões com o mesmo objetivo mórbido: matar, destruir, violentar ícones da pujança norte-americana.

Com certeza, nosso Santos Dumont ficaria ainda mais aborrecido e, certamente, abdicaria desse seu invento para os americanos. Neste momento, devem estar querendo achar que não foram eles mesmo que o inventaram. Pelo menos isso... Desta forma, talvez comecem a entender que não são tão superiores assim, que aqueles filmes recheados de explosões e efeitos-especiais viram brincadeira perto da realidade brutal a que todos puderam assistir ao vivo. Todo o orgulho e toda a prepotência de uma nação inteira foram ao chão, com uma tática louca e inimaginável até então.

Essa fratura exposta dói e incomoda demais o gigante as- sustado e atônito, que sente que não pode mais controlar o ódio daqueles que um dia ele mesmo atacou, talvez com armas menos

barulhentas, mas igualmente mortíferas, pois muita gente morre de fome e de doenças no mundo inteiro, povos cujas economias foram sugadas por esse gigante egoísta.

O pior é que, nessa guerra desigual entre o mal maior e o mal traiçoeiro, ficamos nós, o resto do mundo, assistindo pela TV não só às torres desabando e matando milhares de inocentes, mas, infelizmente, aos pedaços dessas paredes em fogo que ainda cairão sobre nós.

Esses fatídicos aviões que um conterrâneo nosso um dia in- ventou tiveram também essa função diabólica: acabar de vez com a nossa capenga economia.

Desse jeito, com certeza, devolvemos a patente dessa invenção aos EUA. Também não a queremos!

Para chegarmos a uma definição: quem, afinal, inventou o avião?

Ora, foi um terrorista barbudo com um turbante na cabeça, turbante que ele usa para não exalar o cheiro fétido que existe no seu cérebro.

Caminho longo (Dezembro/ 2002)

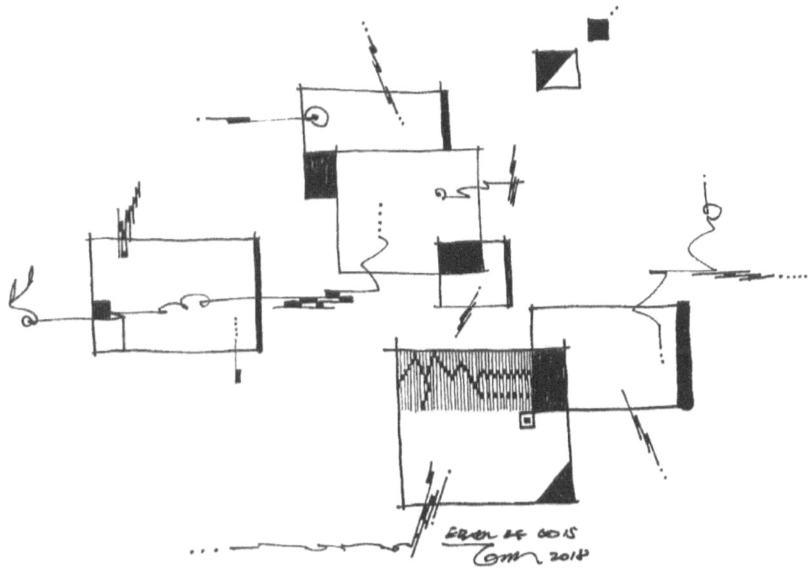

A vida sempre será curta. Mesmo com 90 ou até 100 anos de idade, as pessoas acham que ainda não tiveram tempo de realizar todos os seus sonhos.

Com certeza isso acontece porque começamos a perceber que a vida vai passando mais depressa depois dos 30. Até aí, não nos damos conta de que o tempo voa e já estamos no meio da caminhada. Então, quando olhamos para fora, nem sempre gostamos do que vemos. Preocupados, tentamos mudar nosso rumo e começar tudo de novo, apertamos o passo: será que vai dar tempo?

Por causa disso a vida parece curta. Não demos valor a momentos vividos, a oportunidades deixadas de lado. Quando jovens, às vezes temos a sorte de encontrar um bom caminho, mas o des- prezamos por ignorância ou displicência, e a desculpa que arruma- mos para nós mesmos é que jovens são inseguros e dispersivos. Mas quando amadurecemos percebemos os erros do passado. E agora? Apreensivos, nos perguntamos se o destino nos dará outra chance. O que não podemos é desistir, entregar os pontos. Afinal, ninguém sabe quanto tempo vamos durar. Apesar de a medicina estar muito avançada, por outro lado temos uma alimentação não muito saudá- vel, ar poluído, trânsito perigoso e violência exagerada.

O medo de não chegarmos "lá" aumenta. O dia a dia é uma incógnita constante. Podemos hoje curar uma doença que era fatal tempos atrás, mas no trânsito nos arriscamos, e também um malu- co qualquer pode acabar com o nosso futuro numa esquina escura qualquer.

Essa é a angustia que persegue a maioria dos mortais. A dúvida de quase todos. A única certeza é o fim inevitável. E esse é o dilema do homem nos tempos modernos. Apesar da tecnologia fantástica, somos muito parecidos com nosso ancestrais das cavernas, pois uma

mesma razão nos iguala: a luta para sobreviver. E permanecer vivo não está fácil. Mesmo os mais ricos, que teoricamente deveriam viver mais, às vezes morrem estupidamente assassinados, até pelos próprios filhos!

A saída é não ficar angustiado com tudo que se lê nos jornais ou se vê na televisão. A solução, simples, mas difícil, talvez esteja na letra de um poeta chamado Renato Russo, que escreveu: "é preciso amar as pessoas como se não houvesse amanhã". O caminho é longo. Goste da vida. Abrace. Viva. Siga o rumo que seu coração indicar. O destino?

Paredes (Novembro/ 2001)

Obstáculos, esconderijos, abrigos?

Quando imaginamos paredes, as imaginamos brancas, lem-
bramos de tijolos, cimento...

Não vemos as portas nem janelas.

Paredes em ruínas. Paredes altas, grossas, intransponíveis.

Paredes com pregos enferrujados, crivados cruelmente.

Quadros desbotados neles pendurados, teias de aranha nos
cantos...

Paredes úmidas, manchadas, emboloradas, sujas, descascadas...

Paredes rachadas, trincadas... O que tem do outro lado?

Paredes que fazem barulho de madrugada... Quem as martela
desse jeito?

Parede. Divisão.

Aqui é isso, ali é aquilo...

Paredes ditadoras, paredes de prisão.

Tijolo à vista, revestimentos caros, paredes ricas, paredes de
tábuas, bambu, pobres paredes, coitadas...

Paredes de papel, rasgam fácil... Paredes de vidro, só passa a luz...

Parede de chumbo: ninguém passa.

Paredes fechadas, herméticas, Paredes falsas... Miragem.

Ilusão...

Como ficar rico (Janeiro/ 2001)

"O dinheiro não traz felicidade, manda buscar."

Esse "provérbio" vem de encontro ao objetivo maior de grande parte das pessoas: ter muito dinheiro. Assim, podem usufruir dele, ter carros novos, casa na praia, viajar... Em resumo, viver "bem".

Mas nem todo mundo consegue isso e passa a vida buscando essa felicidade que supostamente a riqueza traz. Porém, como conseguir? Simples! É só seguir estas regrinhas de ouro:

1) Procure nascer em berço de ouro, numa família rica. Assim você não precisará se esforçar nada para conseguir a riqueza. O problema é que poderá perder tudo, pois não saberá dar valor às coisas que tem. Poderá se tornar um esnobe, um cha- to, achar que é melhor que os outros, e um dia descobrir que não é bem assim, ficando dependente de bebida ou de drogas e acabar na sarjeta de um beco qualquer.

2) Case com pessoa rica. Porém, se for com separação total de bens, terá que aguentar até o fim e esquecer aquele antigo amor que você conheceu na fila do ônibus na volta do servi- ço. Agora você desfila de carrão pelas ruas da cidade ao lado do seu "amor verdadeiro", que evidentemente é o seu talão de cheques ou o seu cartão de crédito. A única saída é, se você tiver sorte, enviuvar. Ou então chegar à conclusão de que o casamento não é dividir a vida,

mas sim o patrimônio do cônjuge.

3) Jogar na loteria pode ser uma opção, mas cuidado: se você ganhar, poderá não saber gastar e acabar em situação pior do que a de quando era pobre, pois aparecerão muitos "amigos" que vão dar inúmeros conselhos e depois sumir, junto com a sua fortuna. E tem mais: se jogar muito, ficará sem o seu suado dinheirinho assim mesmo.

4) Trabalhe como um leão, sem preguiça, com dedicação extrema, fazendo economia em tudo. Mas cuidado: esta opção não é garantia de riqueza. Infelizmente, talvez seja a menos indicada, pois você corre o risco de passar a vida trabalhando e morrer pobre e cansado. E ainda vão dizer no dia do seu velório: "Coitado, viveu pobre e morreu rico".

5) Existem também formas de enriquecer que não são licitas, mas não ficaria bem descrevê-las. Afinal de contas, este jor- nal é sério, feito por pessoas honestas. Além do mais, todo mundo sabe quais são essas formas e os riscos que elas tra- zem. Vejam o exemplo do Lalau e de outros espertinhos que existem por aí.

Sabemos, mas esquecemos, que a verdadeira riqueza é algo mais que uma gorda conta bancária, carros de luxo, mansões com piscina etc. Existem coisas que o dinheiro jamais poderá comprar: o amor, a amizade, a paz, a própria felicidade. Conseguir tudo isso talvez seja bem mais fácil: vivendo sem egoísmo, com amor no coração, com a consciência de que a vida é o maior patrimônio que temos, e ela tem o mesmo valor em qualquer canto deste pobre planeta capitalista.

Quem estiver com uns 35 anos ou mais, talvez se lembre de que nas carteiras de ferro e madeira da escola primária vinha escrito "Brazil". Assim mesmo, com "z", o que era muito estranho: em um local em que aprendíamos as primeiras letras, ali mesmo já havia uma letra errada, e crescíamos com a dúvida na cabeça. Afinal, que Brasil é esse? O da carteira com "z" ou o que a professora escrevia na lousa, com um impertinente "s" feito com giz, muito mais feio do que aquele "z" perfeito e brilhante bem do nosso lado?

Essa dúvida carregamos pelo resto da vida, sempre sem saber direito a resposta àquela indagação famosa, que virou até música: "Que país é esse?".

Agora que completamos 500 anos, talvez seja hora de respon- der finalmente a essa pergunta. Por que temos milhares de famin- tos, se temos também condições superfavoráveis para a agricultura? Por que não valorizarmos a nossa cultura, o nosso idioma?

Estamos mais para "Brazil" mesmo... Algum estrangeiro que aqui vier, poderá imaginar que fomos colonizados pelos ingleses, pois, ao olhar as lojas, verá a maioria dos nomes em inglês; se ouvir rádio ou se ligar um computador, se sentirá nos Estados Unidos, com certeza.

Poderíamos até imaginar: se hoje Cabral aqui chegasse, os índios o receberiam com uma faixa escrito: "Welcome, Cabral!". E a razão de ele aqui chegar não teriam sido as calmarias, mas sim um pit stop antes de ir para as Índias. Veria os índios prati- cando surf ou windsurf nas praias, comendo Big Mac com Diet Coke. À noite, hospedado num flat, ligaria para uma pizzaria que faz delivery e Pero Vaz de Caminha enviaria um e-mail para

o rei contando as maravilhas da descoberta que se chamaria, a princípio, brazilian wood.

Na verdade, tudo isso é consequência de uma desorganização total, que vem da falta de interesse no Brasil (com "s"!) por parte daqueles que dirigem o país. São eles os grandes culpados da maioria dos erros que vivemos, incluindo a fome, a falta de instrução, a não valorização da nossa cultura etc. O povo sem governantes eficientes é como uma criança que cresce sem apoio e orientação dos pais: não se alimenta, não estuda, não dá valor às suas coisas, é influenciada por estranhos.

A solução talvez seja devolver o Brasil para Portugal. Podemos alegar que em 500 anos infelizmente não demos muito certo, e eles que nos deixem para ser "descobertos" de novo. Quem sabe agora pelos americanos, e aí ficaria tudo bem mais fácil. Pelo menos não teríamos problemas com o idioma.

Ultraje social (Maio/2002)

"O hábito não faz o monge". Se adaptarmos esse provérbio para os dias de hoje, poderíamos dizer: "A roupa de marca não faz o elegante".

Certas pessoas levam muito a sério o modo como se vestem. Usam uma espécie de casaca em seus corpos, achando que assim são superiores aos outros. É como um disfarce, uma fantasia na qual se "escondem".

Geralmente, os grandes golpistas se vestem impecavelmente para não levantarem nenhuma suspeita. Afinal, gente bem vestida inspira confiança. Para se conseguir um bom emprego, a aparência é fundamental e a eficiência, um detalhe. Nos casamentos, os noivos estão bem vestidos, mas serão tão "bonitos" como parecem? Nas festas e comemorações, colocamos nossas "máscaras" de pano; nos sábados à noite, desfilamos nossas melhores roupas. Somos perfei- tos assim?

A roupa, essa carcaça variável que usamos, essa casca falsa, encobre não só o nosso corpo cheio de defeitos, mas também nossa alma suja e capenga. Num mundo onde a aparência é quase tudo, onda a mídia impõe falsos valores, falsas belezas e falsas personalidades, ficamos hipnotizados. O que vale é a casca, o recheio não tem mais valor.

Talvez seja esse o objetivo maior dos naturistas. Nus, pelo me- nos expomos os defeitos dos nossos corpos.

Nus, não podemos aparentar o que não somos; nus, somos nós mesmos, desprotegidos e frágeis. Infelizmente, não conseguimos nos despir ao ponto de poder também mostrar a nossa alma para os outros.

A intenção dessas palavras não é, de forma alguma, fazer apo- logia ao nudismo. O ser humano não usa roupas só para se disfarçar.

O que seria bom é que ficássemos transparentes apenas o suficiente para que pudéssemos mostrar aos outros como realmente somos por dentro.

Com certeza isso melhoraria muita a vida neste planeta. Já imaginaram poder ver por dentro de um político em campanha? Daquele vendedor, daquele advogado? Daquela pessoa que se diz um amigo, um irmão? Seria tudo completamente diferente, e a rou- pa voltaria a ter apenas a função de nos proteger do frio ou de cobrir nossas partes íntimas (apesar de que, para esta última, esteja cada vez menos sendo usada).

Luz e sombra (MAIO/2004)

As palavras podem ter significados diferentes daqueles que são elencados friamente nos dicionários, a depender do contexto em que estão inseridas, da entonação de quem as fala e por aí vai.

A palavra luz, por exemplo, pode ser agraciada com esta de- finição burocrática em algum Aurélio da vida: "relação eletromag- nética capaz de provocar sensação visual num observador normal" (além de outros tantos, técnicos e diretos, que essa palavra tão curta pode querer dizer). Já a palavra sombra, que é completada até com mais sinônimos, significa: "espaço sem luz, ou escurecido pela interposição de um corpo opaco". Nos dicionários, a sombra ocupa mais espaço que a luz e estão distantes uma da outra, separadas pela imposição da ordem alfabética.

Sabemos, porém, que sem a luz a sombra não pode existir, e se a sombra não existisse a luz não teria como aparecer. Assim também é na vida. Certas pessoas possuem tanta luz que fazem sombra para outras. E, de acordo com esse modo de ver, "pessoas-sombra" não existiriam sem as "pessoas-luz".

Cientificamente, quanto mais luz, mais sombra, que por sua vez depende da luz para ser maior ou menor. A sombra segue infinitamente a luz: para onde quer que a segunda vá, a primeira caminha atrás, numa atração definitiva e irreversível. Certas luzes brilham muito, irradiam tanta energia que nem elas mesmas fazem ideia de quanto. Por conseguinte, suas sombras também ganham grandeza, e pelo mundo ambas vão seguindo, brilhando, iluminando o caminho dos desorientados, aquecendo o coração dos insensíveis, garantindo contraste, fazendo a vida existir. Não existe vida sem luz, não existe vida sem sombra.

Luz e sombra, um par perfeito, um contraste essencial para que tudo que existe aconteça.

 Quando à noite apagamos a luz, a sombra desaparece junto com ela, e ambas reaparecem quando o sol volta a brilhar. A luz não vive sem a sombra. Luz e sombra, sem dúvida um casamento que deu certo.

Natureza

Tenho pena daquelas pessoas que nunca puderam, um dia, sentar-se à sombra de uma árvore, no meio do mato e olhar a natureza, das crianças que nunca viram uma laranjeira carregada de frutos, que nunca ouviram passarinhos cantando.

Pobre geração essa, que vive nas grandes cidades, mora em apartamentos e só conhece árvores, animais e a natureza pela televisão. Isso quando não estão jogando videogames ou assistindo a programas "infantis" com assassinatos e violências.

Pobres crianças que vão ao supermercado e imaginam que frutas sejam "fabricadas" num lugar qualquer, que nunca puderam estar num espaço em que seus olhos alcançassem além da parede da sala ou da parede de prédios vizinhos.

Talvez seja por isso que essas pessoas, essa geração urbaniza- da, seja tão violenta e sem ideais. Não podemos ser contrários ao progresso e à tecnologia, mas com certeza todos deveriam ter, pelo menos uma vez na vida, o direito de sentar, numa tarde de sol, à sombra de uma árvore, no meio do mato ou numa fazenda e refletir um pouco, pensar, "escutar o silêncio", que nada mais é do que a voz de Deus.

Rir?

Dizem que rir é o melhor remédio, mas como rir hoje em dia? Tente ler o jornal: assassinatos, roubos, injustiças, prédios que desabam etc.

Na televisão é a mesma coisa, e não só nos noticiários, pois a maioria dos programas vive explorando a desgraça, o ridículo e a miséria humana.

Como rir nesse mar de infelicidade? Poderia alguém argumentar que é só não esquentar a cabeça com essas coisas e viver com alegria, mas todos sabemos que a vida não é fácil pra ninguém. Quando nascemos, a primeira coisa que fazemos é chorar, não rir. E olha que ainda não sabemos de nada...

Quando casamos, então... Quem já viu os noivos rindo? É geralmente uma choradeira daquelas; choram os pais, os padrinhos, os amigos.... Nos batizados, voltamos a chorar, sem entender di- reito o que está acontecendo. Parece que querem é afogar a gente. Depois vêm as formaturas, e mais lágrimas. Aliás, não tem coisa mais chata do que festa de formatura. Além do choro emocionado, temos que aguentar discursos intermináveis, homenagens ridícu- las... Rir como?

Seria covardia, então, falarmos dos velórios, mas, por ironia, é neles que mais se ri. Quantas piadas novas não aprendemos no meio daquelas madrugadas?

Rir é remédio, sim, mas um remédio que anda meio raro nas prateleiras das farmácias da vida. O que podemos encontrar é uma alternativa que, se não é cura para os nossos males, consegue abran- dar os nossos sofrimentos. Esse remédio se chama sorrir.

Pilantras espertus

Na nossa rica fauna, encontramos vários espécimes raros, alguns em extinção. Porém, existe uma raça que sobrevive e parece cada vez proliferar-se mais e mais. Trata-se dos pilantras espertus. Seu habitat natural é o mundo da enganação e do desrespeito às normas da sociedade em que vivemos. Vivem se alimentando vorazmente dos honestus ingenuos.

O professor Naum Sobobo, da Universidade de Chicago, observou por um período razoável um casal dessa espécie, que vive por aqui na nossa região, e chegou a conclusões ao mesmo tempo in- teressantes e intrigantes. O macho é do tipo meio maluquinho, ou aparenta ser, pois não se sabe se é um disfarce que usa para enganar suas vítimas. Sua conversa é meio confusa, fala coisas sem sentido, mas, ao ser colocado na presença de uma nota de cem reais, é inca- paz de rasgá-la. Seus olhos piscam freneticamente e só têm sossego quando ele a coloca no bolso. Vive às custas da fêmea — pelo me- nos diz "amém" a tudo que ela faz.

Já a fêmea observada no caso apresenta olhos grandes, como que para devorar os incautos que dela se aproximam. É exigente e chata ao extremo, detalhista e cheia de "isso não", "aquilo tampouco". Na construção do seu ninho (é ela que se encarrega dessa função), procura sempre um exemplar de honestus ingenuos, porque sabe que assim não terá que pagar pela obra corretamente (isso se pagar). Prepara sua armadilha, faz pose de entendida e pronto: lá se vai mais um honestus ingenuos pro espaço. A mesma coisa faz com aqueles que para ela pres- tam algum tipo de serviço: suga o que pode e depois tenta exterminá-

-lo. E assim vai vivendo, arrancando desonestamente as provisões dos outros, adquirindo outros ninhos, carros, bens.

Mas, coitados, não percebem que vão ficando cada vez mais isolados em sua própria gaiola.

Pequenas cidades, grandes alegrias

O sonho de muita gente que vive em grandes cidades é um dia poder sair daquele inferno e se ver livre dos congestionamentos, da poluição, da violência. É claro que todo mundo sabe que em uma metrópole existe um potencial maior de empregos, oportunidades, acesso às coisas mais modernas. Enfim, é bem mais fácil ganhar dinheiro, assim como gastá-lo ou ser roubado na esquina ou num semáforo à noite.

Um dia, finalmente se consegue realizar o sonho, e lá vamos nós de mala e cuia para o tão sonhado paraíso, deixando lá na cida- de grande os demônios que nos atormentavam noite e dia.

Mas viver numa cidade pequena não é só chegar e ir fazendo amizades, conhecer todo mundo e curtir as delícias de um lugar calmo e pacífico. Seguem aqui alguns conselhos para você que pen- sa em se mudar para um desses paraísos que ainda existem por aí.

1) Se você não gosta de pescaria, aprenda a gostar. Procure se in- formar sobre como funcionam molinetes, iscas, anzóis, quais peixes são bons para fritar, assar etc. Caso contrário, você corre o risco de não se enturmar ou, então, nas conversas ficar sem entender nada do assunto preferido do pessoal.

2) Prepare-se para inúmeros churrascos, e você deve também

aprender um pouco desse assunto: como preparar uma car- ne, quais os espetos, grelhas e tipos de temperos mais usados etc. Inclusive, este item tem muito a ver com o da pescaria, pois nesses churrascos o assunto dominante são os peixes. Às vezes, os próprios são devidamente preparados nesses chur- rascos, em meio a bistecas, linguiças, picanhas e afins.

3) Convém também estudar assuntos relativos à agricultura, à pecuária e coisas afins para poder conversar sem dar vexame.

Mas não se preocupe demais com isso, pois, com o tempo, você já sairá por aí falando como um fazendeiro. No entanto, se música sertaneja não faz parte do seu gosto musical, vá preparando os ouvidos — e saiba que logo você estará can- tando no chuveiro alguns dos clássicos caipiras.

4) Prepare-se para ser chamado pelo nome, mesmo no banco, onde lá na metrópole você era só um número. Será assim também na padaria, na farmácia, no açougue...

5) Não se espante se numa noite você esquecer de trancar o carro e de manhã ele estiver lá intacto. A mesma coisa com sua casa: um dia você esquece de trancar a porta, sai e, ao voltar, ninguém entrou lá para roubar nada (na hipótese de você morar num lugar cercado de moradias). Essas situações podem não ser iguais se você morar num lugar afastado, pois, infelizmente, o "progresso" chega junto com os amigos do alheio.

Enfim, prepare-se para ser alguém, ser reconhecido na rua, ter conta no armazém, ter gente disposta a empurrar o seu carro quando ele enguiçar, ir buscar no vizinho uma xícara de açúcar. Você se sentirá mais humano, mais gente, e com certeza não sentirá saudade da selva de concreto, do medo de andar pelas ruas, da incerteza do amanhã. E se nada disso valer a pena, bastará só um dia olhar pela janela (sem grades) e se deliciar com um pôr do sol que parece nos dizer que até a natureza, que é sábia, também resolveu se mudar para um lugar mais tranquilo para poder dar seu espetáculo sossegada.

Luz da vida ? (Dezembro/ 2002)

Quem já tem alguns anos nas costas deve se lembrar de uns cadernos cujas capas traziam os dizeres: "O estudo é a luz da vida". Alguns colegas mais engraçadinhos escreviam embaixo: "Economize luz não estudando". E não era época de racionamento, não...

Hoje, "estudar" virou mais do que "luz da vida" O sentido do verbo não envolve mais o aprender, o saber, e dessa forma melhorar a vida neste planeta que habitamos.

Estudar, hoje, serve para passar no vestibular. Devorar apos- tilas e mais apostilas, ser treinado para responder questões que cada vez mais parecem hieróglifos indecifráveis. Atualmente, quase não existe mais a vocação, o sacerdócio, e sim qual profis- são está em alta ou "na moda" (leia-se: aquelas que rendem maior remuneração).

As escolas particulares (e caras) e os cursinhos são como quartéis nos quais os soldados são treinados para vencer a batalha das provas.

Alcançado o objetivo, o "recruta" é condecorado com o corte dos cabelos, o rosto pintado. Pronto! A batalha foi vencida!

Pura ilusão. A guerra vai ser longa e difícil; às vezes o "soldado" percebe que está no "batalhão" errado, que seu treinamento de dias e noites sem fim o levou para onde ele não queria. E ele fica angustiado e perplexo, pois seus "patrocinadores" (os pais) ficariam revoltados se ele desistisse.

Assim, ele prossegue na luta, atirando a esmo, sem motiva- ção, sem vontade, sem determinação. Alguns, depois de um tempo, mudam de "exército" e ainda conseguem brigar pelo que realmente queriam, mas outros ou desistem no meio do combate ou vão por aí, se tornando o que conhecemos como maus profissionais, que infelizmente aumentam cada vez mais.

O importante é tentar fazer o que somos capazes de fazer, e não seguir modismos ou interesses financeiros. Uma profissão é coisa séria, e mesmo uma característica pessoal simples ou aparentemente sem importância pode ser decisiva. Afinal, quem gostaria de ser operado por um médico que detesta ver sangue? Ou tratar dos dentes por um dentista que queria mesmo ser químico?

Temos que dar a essa "luz da vida" a direção certa, senão cairemos na escuridão de um mundo cheio de descontentes e incompetentes.

Fica comigo! (Maio/ 2003)

Fica comigo, esperança, sem você a vida ficará escura demais...

Fica comigo, coragem, pois este mundo é feito de caminhos espinhosos...

Fica comigo, alegria, pois ser triste é muito amargo.

Fica comigo, honestidade, coisa rara neste planeta corrupto...

Fica comigo, justiça, para que eu não julgue ninguém de forma errada.

Fica comigo, bondade, para que eu possa diminuir o sofrimento dos outros.

Fica comigo, paciência, para que eu não enlouqueça com os tombos do caminho...

Fica comigo, criatividade, para eu tentar fazer um mundo melhor.

Fica comigo, saúde, sem você não tem graça viver! Fica comigo, Deus, e me indique o caminho certo...

Fica comigo, inspiração, para que eu possa fazer os outros sorrir um pouco...

Fica comigo, saudade, para poder reviver sempre momentos mágicos!

Fica comigo, amor, com você tudo é possível, sem você nada tem sentido!

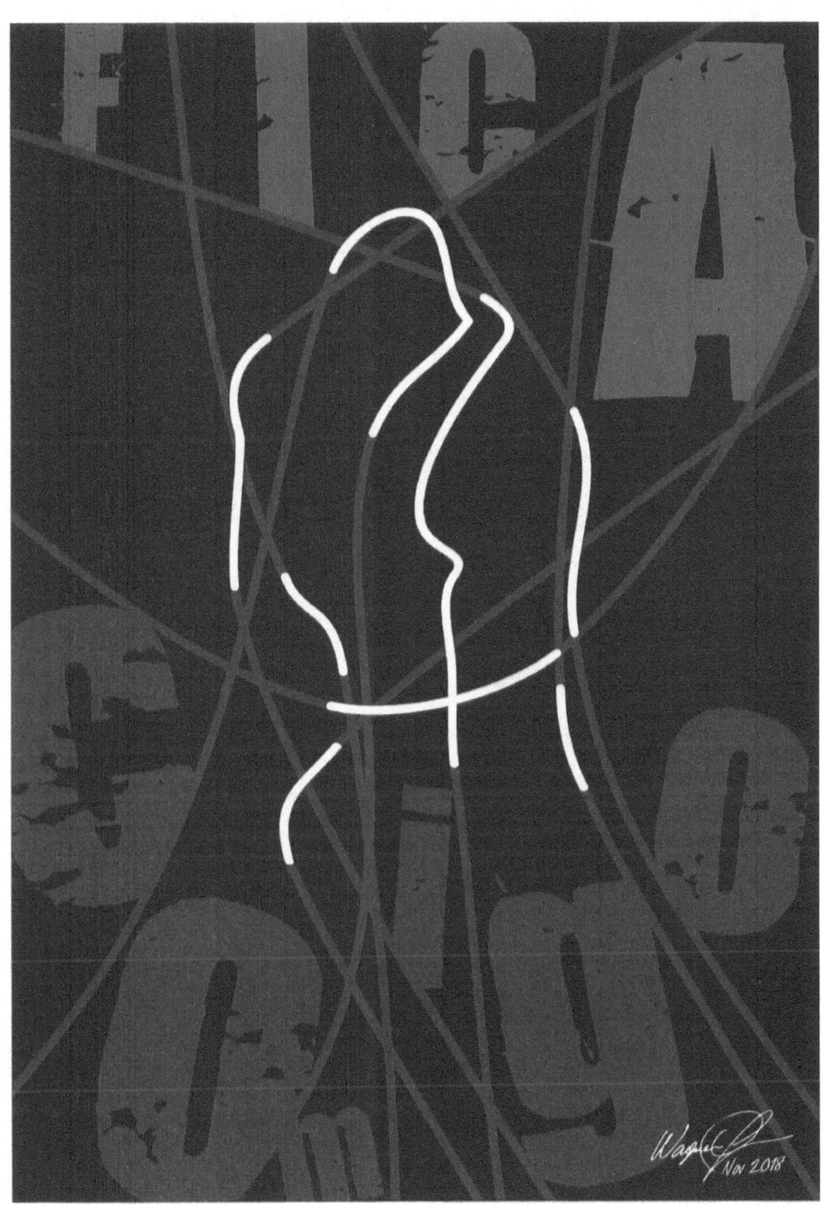

Eurindo P. Braga A. Perez

Ainda vou ser (Dezembro/2002)

Ainda vou ser capaz de entender o mundo. Descobrir pequenas grandes coisas, saber por que as pessoas, os povos, as nações não se entendem, se odeiam tanto, matam, destroem e inventam tantas máquinas de morte.

Ainda vou descobrir por que o amor não está em todos os corações, e por que esse sentimento tão bonito e nobre só tem servido para filmes, músicas e poemas de alguns iluminados. Como enten- der por que um chefe de estado, que supostamente ama sua esposa e filhos, autoriza matar esposas e filhos de outros?

Ainda vou ser capaz de perceber por que o poder financeiro torna as pessoas desiguais na sociedade, provocando assim a inveja, o ciúme e o ódio. Por que o poderoso banqueiro compra uma joia caríssima para sua companheira com o dinheiro que ele arrancou de um pobre assalariado que para a namorada nada pode dar?

Ainda vou tentar entender por que, se somos todos iguais (já que nascemos do mesmo jeito), precisamos de alimentos, moradia, saúde e cultura, mas não temos todos esses "privilégios".

Ainda vou descobrir por que todas essas coisas acabam fazen- do com que um mundo que descobrimos ser redondo se transforme num cubo, em cujas arestas poucos se escondem enquanto a maioria escorrega perigosamente sem destino ou direção.

Ainda vou ser capaz de me conformar por não conseguir entender nada disso, assim como milhares de habitantes deste planeta doido. Mas sei que eu, você e mais um batalhão de so- nhadores que persistem em querer mudar as coisas para melhor não deixaremos de lutar. Mesmo que pareça uma luta ridícula e inútil, mesmo que a luz da esperança brilhe bem pouco em certas horas, mesmo que às vezes a vontade de desistir nos inco- mode, olhamos para dentro de nós mesmos e conseguimos ver

um fiozinho de luz que parece dizer: "Coragem! Lute! Ganhe essa guerra!".

Sempre haverá esperança enquanto houver amor!

Poema luz

O que é um poema, afinal?

É a beleza resumida em palavras, Que brilham como luz

Na escuridão das coisas ruins. Poema é luz, ilumina o coração,

Esquenta a emoção,

Leva a um planeta possível, Onde SEMPRE há felicidade.

Poema é luz que ilumina o caminho escuro da vida, Que nos

permite ver coisas belas como:

O céu azul, as montanhas verdes, As flores, o pôr do sol, os

sorrisos, A amizade, o amor, a vida...

Nos permite ver Deus!

Conversa estranha! (Outubro/2007)

"Que bom", pensei. "Viajar de ônibus é gostoso; pra dormir, uma delícia. Ar-condicionado, aquele ronco do motor pra embalar o sono, uma poltrona confortável, tudo indicando um cochilo preguiçoso até chegar ao destino."

Porém, eu não contava com uma conversa entre dois passagei- ros que estavam nas poltronas atrás de mim. Nem tanto pela altura da voz, mas pelo conteúdo do que falavam.

Um deles discorria sobre um problema social comum nas cidades: os indigentes e mendigos que andam perambulando pelas ruas, remexendo lixeiras como cachorros vadios à procura do que comer ou pedindo trocados para comprar um pão. Exaltado, ele tinha a solução definitiva e natural para isso: essas pessoas deveriam ser executadas e seus órgãos, doados pra nós, os "certinhos" da sociedade. Não existe uma falta considerável de órgãos para trans- plantes? Então! Seria unir o útil ao agradável! Ficaríamos livres da "escória" social e andaríamos por aí respirando com o pulmão des- sas pessoas, filtrando nossos vinhos com seus fígados, olhando belas paisagens com suas córneas.

Confesso que me deu até medo. Ali sentado, só escutando e sem conseguir ver o rosto do "assassino social", pensei: "Seria al- gum alemão nazista remanescente?". Mas não tinha sotaque... E os nazistas tinham a desculpa (esfarrapada, é claro) da "raça pura", o que no caso do nosso "amigo" aqui não serve, já que os órgãos dos "inimigos" viveriam dentro da gente.

E assim foi seguindo minha viagem, ao som desconfortante da voz de uma pessoa (pessoa?) argumentando barbaridades. Teria essa pessoa filhos? Mulher? Teria sentimentos de amor por alguém?

Alguém poderia amá-lo? Mesmo sabendo quem ele na verdade é? Mereceria um abraço de alguém? A preocupação de alguém? Pela conversa toda, era possível perceber tratar-se de pessoa sem proble- mas financeiros. Muito pelo contrário, pois deixou transparecer ser muito rico, proprietário de vários imóveis etc.

Fiquei imaginando a loja macabra em que os órgãos dos po- bres indigentes ficariam congelados à disposição dos "certinhos" da sociedade. Gente (gente?) como esse tipo, quando precisasse, pode- ria se beneficiar de tantas ofertas para permanecer vivo que, quem sabe, não achasse nessa "geladeira" um coração, que ele certamente não tem. Um coração que funcionasse direito, um coração que ti- vesse amor, respeito e Deus.

Meu filho,

Parece que foi ontem... Escrevi algumas palavras pelos seus 16 anos, e como num passe de mágica você completa 18.

Agora, como você diz, "o bicho pega". Perante a lei você já é maior de idade, responsável por seus atos. Existem leis, sabia?

Eu já passei por isso (faz tempo), e lembro que o meu dia de completar 18 anos demorou demais a chegar. Finalmente chegou, e nesse dia pensei: "Esse mundo agora é meu!". Enfim eu teria direito a "troféus" como a chave de casa e a chave do carro, poderia ir ao cinema assistir aos filmes de censura 18 anos! Finalmente eu estava naquela "elite" dos adultos!

Com 18 anos podemos nos tornar soldados, ou seja, podemos "heroicamente" morrer pela pátria! Interessante, não?

As espinhas no rosto são "medalhas" pela sua maioridade; a voz, às vezes grave às vezes aguda, parece revelar uma incerteza de querer ser adulto; aparelho nos dentes, fone de ouvido, tênis da moda, camiseta colorida, a cabeça oscilando entre as apostilas do cursinho e o sorriso bonito daquela garota...

Sentar ao volante de um automóvel é como sentar no tro- no de um reino insuperável, mesmo se for o banco de um velho Fusca.

Ficar um tempão no espelho, procurando aquele fio de barba que custa a crescer, e o mais estranho: de repente as opiniões dos mais velhos, principalmente de seu pai e sua mãe, já não são iguais às suas.

A vida começa agora (?), o período anterior foi como uma "preparação", um "treinamento" para, agora sim, você encarar o mundo!

Será que fui capaz de fazer isso? Não sei. Nem você sabe... Penso que não, porque pais "preparam" seus filhos para o mundo deles, e quando eles (filhos) crescem, o mundo já mudou.

Só de uma coisa tenho certeza: fiz o que pude e com muito amor, procurei (e vou continuar procurando) ser, além de pai, um amigo, não para carregá-lo no colo durante a caminhada, mas para juntos acharmos o difícil atalho para a felicidade!

Parabéns, meu filho! Que você, querendo refletir a minha imagem, só se inspire nas coisas boas que por acaso eu tenha! Vá em frente! Nessa estrada cheia de armadilhas, conseguimos até agora ficar mais ou menos ilesos. Agora é sua vez!

Feliz aniversário! Do seu "velho" pai.

Parque de adversões (Maio/2003)

A vida é bem parecida com um parque de diversões. Para alguns privilegiados, um Playcenter sofisticado e cheio de brinquedos modernos, mas, para a grande maioria, daqueles bem mambembes e pobres. Nos dois tipos temos sempre as atrações tradicionais.

A roda gigante: começamos de baixo, vamos subindo, chega- mos ao alto e descemos de novo. É a rotina da vida, sempre cheia de altos e baixos.

O palácio dos espelhos: olhamos sempre para uma imagem distorcida de nós mesmos, nos vemos gordos ou magros demais, altos ou baixos, disformes, feios... Os espelhos de casa às vezes fazem os mesmos truques. Alguns, em seus espelhos particulares, se veem mais bonitos e melhores do que os outros; nesse caso, não é o espelho que está distorcido, mas seus pobres cérebros.

A barraca de tiro ao alvo: como é difícil acertar. Dizem que os canos das espingardas são propositadamente tortos. Atiramos, atiramos e nada de conseguir os prêmios.

O trem fantasma: em cada curva um susto, a incerteza do que vem pela frente apavora. E o medo maior é de o carrinho enguiçar lá dentro daquela escuridão.

Na montanha-russa (talvez o mais significativo) sentimos um medo maior: na subida, uma incerteza; na descida, um pavor indescritível.

A infância é o chapéu mexicano: vamos rodando, rodando, sem medo e rindo de tudo; à nossa volta tudo gira e é diferente.

A juventude é o carrinho de bate-bate: dirigimos sem medo, colidindo aqui e ali, dando risada de tudo, andando na contramão do preestabelecido.

A idade madura é o tobogã: vamos escorregando sem ter como voltar, o fim da rampa se aproxima rápido, não tem como parar,

voltar atrás e refazer tantas das coisas que deixamos de lado. O fim se aproxima, caímos e podemos ouvir do alto-falante uma voz grave e séria que diz:

"Informamos que, infelizmente, o parque vai fechar dentro de poucos minutos. Voltem, se possível, em outra encarnação. Obrigado."

Desprezo (Agosto/ 2018)

Desprezo: falta de estima, apreço ou considera- ção por alguém. Sentimento de repulsa.

Podemos considerar essa fria definição do dicionário muito fraca em relação ao que realmente significa esse substantivo cruel. O desprezo é um veneno letal não para o corpo, mas para a alma. Machuca profundamente, corrói a autoestima da "vítima", acelera emoções não tão nobres, como o desejo de vingança ou de retaliação.

Imagine como aquele infeliz mendigo, ao entrar num restaurante de luxo, é recebido pelo maître: é tocado do estabelecimento tal qual um cachorro sarnento, só faltando ter seu traseiro atingido por um pontapé. Assustado, repara nos olhos de nojo dos "nobres" frequentadores, e escuta as desculpas do maître "pelo inconveniente acontecido".

Já não basta o infeliz carregar consigo o peso do fracasso, a poeira da desilusão, o suor da tristeza de uma vida que "não deu certo", ele ainda tem que suportar, por onde passa, doses cavalares desse veneno. Até em igrejas, locais onde esse tipo de coisa não de- veria acontecer, ele paga o pecado de ser "inferior" (os "superiores" geralmente desprezam os "inferiores").

Nas pessoas que supostamente deram certo o desprezo é ainda

mais venenoso, ainda mais se vier justamente de quem é amado pela "vítima", de pessoas que esqueceram o amor, a dedicação e a consideração. Como se costuma dizer, estas "cospem no prato em que comeram". Na verdade, nem cospem, pois ignoram o prato, desprezam o prato…

As consequências desse desprezo podem se transformar em tragédias. Nem todos têm a resignação do mendigo no restaurante.

Afinal, o "remédio" contra o desprezo é tão amargo quanto: a vin- gança. Outro ditado popular diz: "a vingança é um prato que se come frio" (os pratos estão sempre presentes nessas coisas). Podemos acrescentar que a vingança é como a morfina: não cura o mal, mas faz o "doente" sentir um certo alívio da dor.

Tudo isso nada mais é do que a imensa incompreensão que acomete todos nós, humanos, os "racionais" deste planeta maluco. No caso do mendigo desprezado, trata-se da falta de fraternidade entre as pessoas. Ninguém é mais do que ninguém, somos todos iguais; o dinheiro e o sucesso não são credenciais de superioridade. No caso dos desprezados pelos parceiros e amigos, temos o refle- xo de uma sociedade na qual só se pensa no próprio umbigo, na qual se expele sem pestanejar um outro veneno terrível chamado ingratidão. Não devemos nos julgar superiores a ninguém, muito menos despre- zar aqueles que deram um sentido a nossas vidas.

De que adianta, de- pois que o desprezado morrer, ir chorar no cemitério e deixar flores? Aí, sim, ele se vinga, pois não se levanta para pegá-las. As flores ficam lá no vaso do tumulo até secarem. Ele não liga nem agradece. Ele as despreza.

Muito fácil (Maio/ 2017)

É muito fácil escrever para as mães, e igualmente fácil é cair em algu- ma armadilha piegas e repetida. Tudo já foi escrito! Poetas, escrito- res, dramaturgos e compositores praticamente esgotaram o assunto. Na infância, começamos fazendo cartões com aqueles corações pintados de vermelho, sempre fora do contorno e com uma letra tremida — não de emoção, mas de falta de prática —, dizendo: "Eu

te amo, mamãe".

Já adolescentes, o máximo que escrevemos são curtos bilheti-nhos: "Mãe, fui à casa de um amigo, não sei a que horas eu volto". E olhe lá!

Adultos, somos um pouco mais carinhosos, e escrevemos em cartões perfumados (devidamente acompanhados de um presente): "Te amo, mãe". Agora, com uma letra bem melhor do que aquela do pré-primário.

Aqueles que têm o privilégio de ter a mãe bem velhinha sabem que ela mal enxerga aquele filho de cabelos brancos, mas seu cora-ção ainda acelera do mesmo modo não ao ler, mas ao sentir a pre- sença do filho, porque ele "escreveu" no coração dela, para sempre, as velhas e repetidas palavras lá da infância: "Eu te amo, mamãe!".

* Para você, Nancy, que sempre era a primeira a ler essas "mal traçadas linhas" e me "autorizava" a publicá-las.

Tio Espelho (Julho/ 2017)

Dizem que toda criança procura se espelhar em alguém, seja no pai, no avô, em um tio.

Eu tive um bom pai, porém, muito rígido e dominador, o que me fez procurar meu espelho em outra pessoa, completamente diferente desse homem bravo e opressor. Encontrei num irmão de minha mãe o reflexo que eu procurava. Seu nome era Antenor, e carregava o carinhoso apelido de Tuta. Era uma pessoa alegre, cari- dosa, grande comerciante (também no tamanho, pois tinha quase 1,90 m de altura). Dono de uma loja de autopeças, por compe- tência e com muito trabalho ficou rico, mas sem nunca perder a humildade e sempre ajudando os mais necessitados.

Eu costumava passar horas em sua loja. Gostava de ficar admirando o modo como ele tratava as pessoas, sempre com alegria e bom humor. Numa certa manhã, eis que surge de repente um mendigo, desses com cara de cachaceiro, que pedem dinheiro pra comida, mas na verdade querem mesmo outra coisa, mais líquida. Ele diz:

— Seu Tuta, arruma um troco pra eu comer. Tô com fome...

Sem pestanejar, meu tio tira do bolso uns trocados e entrega para o "infeliz". Passados alguns minutos, me pega pela mão, dizendo: "Vem comigo". Fomos até um bar que ficava próximo e lá estava o coitado, não comendo, mas sim com um copo cheio de cachaça.

Meu tio entra no bar, pega o copo e despeja o conteúdo todo na pia, sob o olhar assustado do "pobre faminto". Do alto do seu quase 1,90 m de altura, diz para o atendente do bar:

- Faz um sanduíche para ele aqui e uma xícara de café com leite também!

Depois, se dirigindo ao assustado "faminto", diz bem alto:

 - Coma tudo e beba toda essa xícara!

Assustado, o nosso herói mastiga o sanduíche e bebe toda a xícara, bem depressa. Meu tio pacientemente aguarda, e quando vê que o homem terminara, se dirige ao atendente:

- Agora você dê para ele um copo de cachaça! Volta-se uma vez mais ao assustado "faminto" e diz:

- Agora você pode beber! Tá maluco? Bebendo de estômago vazio...

E voltamos para a loja...

Eu devia ter uns 10, no máximo 12 anos de idade, e me lem- bro desse fato como se tivesse acontecido ontem. Realmente, uma lição de vida, de compreensão, de bondade.

E muitas outras histórias vivi com essa pessoa maravilhosa, com muitos exemplos mais que até hoje procuro seguir. Esse é o espelho que até hoje reflete no meu coração e na minha alma, uma luz que nunca irá se apagar.

Obrigado, tio Tuta!

Envelheviver (Outubro/ 2017)

Uma quantidade enorme de coisas já foram ditas e escritas sobre envelhecer: piadas, filmes, conselhos, remédios etc. Ficar velho é o destino de todos nós, sendo o único modo de evitá-lo algo que ninguém quer: morrer moço.

Um belo dia, nós, que andávamos saltitando por aí, de repente olhamos no espelho e, assustados, perguntamos: "Quem é esse velho?". Existe atualmente uma mania generalizada nas redes sociais de mostrar o "antes" e o "depois" de artistas famosos, para que fique bem claro que o tempo, o envelhecimento, "destrói" drasticamente

a beleza das pessoas, sendo algo mórbido e triste.

Já não chega o nosso espelho para mostrar esse efeito em nós mesmos no dia a dia? Já não chegam nossas fotos antigas, nas quais ostentávamos belos cabelos naturalmente escuros e pele sem rugas? Já não basta encontrarmos pessoas que não víamos há muito tempo e reparar que a "destruição" causada pelo tempo as atingiu bastante, e mesmo assim frigidamente dizermos: "Nossa, você está ótimo!"

— ainda que, na verdade, estejamos assustados por dentro, imaginando que nós também não estamos lá essas coisas.

Outro fiscal não muito cruel são as fotografias. Se tiradas de longe e com essas câmeras cheias de recursos, amenizam os estragos realizados pelo tempo em nossas caras. Isso sem falar no Photoshop, que na verdade é um instrumento mentiroso e de ilusão, que pode enganar quem vê, mas não resolve nada para o "modelo" da foto.

Na verdade, envelhecer é viver no seu mais real significado. Quem não envelhece, não vive, não "desgasta" seu corpo aprovei- tando a vida, curtindo tudo.

Quem não envelheceu não amou, não sofreu, não teve alegrias, tristezas, esperanças, dúvidas, incertezas, decepções e emoções. Não viveu.

Desculpa, não vai dar (Dezembro/ 2017)

Festa de Ano Novo. A família toda reunida. Lá vão estar seus avós, seus pais, tios, irmão, primos…

Que mesmice!

—   Desculpem, mas não vai dar pra ir. (Afinal, aquele acampamento na praia com a turma é imperdível! A turma toda vai, não dá pra perder isso!)

Outra festa de Ano Novo. Lá não vão estar mais seus avós. Eles se foram. Mas vão estar seus pais, tios, irmão, primos…

Que mesmice!

—   Desculpem, mas não vai dar pra ir. (Afinal, aquela viagem de fim de ano é imperdível, você vai levar a esposa e os filhos, como perder isso? Não dá...)

Mais outra festa de fim de ano. O tempo passa muito depressa, lá não vão mais estar seus avós nem seus pais, só alguns tios, irmãos, primos...

Que mesmice!

—   Desculpem, mas não vai dar pra ir. (Afinal, aquela reunião com o pessoal do trabalho é imperdível, uma turma tão boa, do dia a dia, gente tão bacana. Não dá!)

O tempo voa e lá vem mais uma festa de Ano Novo. Finalmente, este ano não tem acampamento, viagem, reunião com amigos.

Você finalmente resolve ir!

—   Desculpe, mas não vai dar pra você ir. Não tem mais essa festa. Acabou!

Feliz Ano Novo!

Alegria triste (Janeiro/ 2017)

Você foi embora sem se despedir de mim. Com certeza não se despediu porque sabia que eu não iria aceitar. Você que foi, é e sempre será a minha metade, a minha melhor parte, o meu lado bom, o lado alegre, feliz, otimista.

Não tem sentido a tristeza por você, apesar de ela ser enorme e dolorida. Porque você está aqui dentro de mim, essas lágrimas teimosas que insistem em molhar meu rosto quase que me despertam do sonho bom que eu vivi com você... Tantas coisas boas! Em tudo seu sorriso está marcado, em cada momento, mesmo nos difíceis, quando ele foi fundamental.

A nossa história é muito bonita para terminar em tristeza. Só não consigo entender que brincadeira foi essa de ir embora assim, sem mais nem menos. Será vingança das vezes que eu brincava me escondendo, e você ficava assustada me procurando pela casa? Só que eu voltava... Disseram que você está escondida atrás de uma estrela lá no céu. Deve ser por isso que fico um tempo olhando lá pra cima, na esperança de te achar.

Outro dia me disseram que nós dois éramos exemplo de um casal feliz. Interessante, eu sabia disso há muito tempo. Levaram 36 anos para descobrir?

Então, do alto de tanta experiência, ao me perguntarem qual o segredo desse amor, dessa convivência tão boa, eu responderei:

- Não sei!

A inveja é? (Janeiro/ 2018)

Outro dia resolvi viajar. Cansado dos mesmos destinos de sempre, resolvi ir para um lugar chamado "País dos Invejosos". Comecei a perceber que ia me dar mal logo que embarquei no avião da TAI (Transportes Aéreo Invejosos). Era um avião enorme, de fazer inveja às outras companhias. As poltronas eram cada uma de uma cor, para que os passageiros ficassem um com inveja do outro. E o serviço de bordo, então? A aeromoça servia um drinque exclusivo a cada viajante e dizia um elogio diferente a cada passageiro.

Ao chegar ao aeroporto, quase um desastre! O pessoal da torre de controle, fiquei sabendo depois, morria de inveja do nosso piloto e passou uma indicação errada para o pouso.

Na alfândega, um inferno. Os fiscais, em vez de examinar as bagagens para descobrir algo ilegal, remexiam as malas e só faziam comentários invejosos.

— Olha só que camisa… Caramba, deve custar uma nota!

— E esse sapato, então! Eu queria tanto ter um desses... Esse cara só pode estar roubando.

Após intermináveis e nada invejáveis horas, finalmente vou chegando ao hotel, o majestoso Inveja Hilton Hotel. Na fachada, o que mais me chamou a atenção foi o luminoso: dois olhos acesos e abertos, que davam a impressão de acompanhar todos os nossos movimentos.

O porteiro me atende. Pergunta meu nome, se eu havia feito reserva e por quanto tempo pretendia ficar. Respondo que uns cin- co dias.

—   Por que tanto tempo? O senhor não tem o que fazer no seu país, não?

Assombrado, fui aos meus aposentos, seguido por um rapaz que carregava as malas e me olhava com uma cara de inveja enorme.

Outra surpresa: os quartos tinham todos o mesmo número nas portas, mas estas eram diferentes umas das outras e de várias cores. Com certeza para os hospedes ficarem com inveja.

Cansado de tanta esquisitice, finalmente entrei no meu quarto e pensei em respirar um pouco, aliviado após tanto sofrer com olhares estranhos. Abri a janela, pensando que pelo menos a paisagem poderia ser normal, que não seria possível que a inveja estivesse presente em todos os lugares daquele país.

Mas tive que fechar imediatamente. O ar que vinha de fora era de um cheiro insuportável, aquele cheiro do que se coloca em recipientes vendidos em farmácias para exames. Curioso, verifiquei que na bandeira do país estava escrito sobre um brasão em forma de vaso sanitário: "A inveja é uma m*".

11 mandamentos (Junho/ 2017)

Falar sobre a perda de uma pessoa querida é desperdício de tempo e de palavras. Todos sabem que é triste, muito triste, mas talvez nem todos saibam de certas coisas que acontecem depois. Não conheço nem conheci ninguém que tivesse passado por essa amarga experi- ência para me contar.

Quando nos casamos, geralmente os amigos dos tempos de solteiro se afastam (pelo menos, a maioria deles), mas é fácil enten- der: se continuam solteiros, não se sentem lá muito bem fazendo companhia para um casal; se por acaso são casados, nem sempre seus parceiros combinam com os nossos.

Surgem novas amizades com casais, aparentemente firmes e eternas, mas se faltar uma metade desse par, lá se foi a amizade para o espaço! A despedida já começa na cerimônia fúnebre, e fica aquela dúvida: será que a amizade era por causa dele(a)?

Assim, de repente parece que retornamos àquela fase de quan- do nos casamos, com o agravante de voltarmos a ser um só. Onde estão os amigos agora?

Parece que somos culpados da ausência da parceira ou par- ceiro, como se tivesse ocorrido uma separação litigiosa em que nós fomos os traidores, o elemento ruim da história.

A família (dele ou dela), então... Naturalmente não são todos, existem aqueles que se interessam e se preocupam com quem "sobrou", mas muitos nem se lembram que quem ficou sozinho está meio desamparado e triste. Esquecem que a pessoa que se foi era feliz na companhia de quem ficou. E o que é bem pior: inventam coisas, fazem críticas absurdas, maldosas e falsas. A hipocrisia canta alto, a ingratidão corre solta!

Com isso, a dor do "sobrevivente" fica maior. Julgado, sem direito a defesa em um tribunal de falsos, é acusado de coisas que não fez. Só faltam culpá-lo pelo fato de a pessoa ter partido.

É um mundo estranho, as pessoas são más. Sobrinhos perdem o respeito, você não é mais tio, a tia vira "sua mulher", nos sugerem deixar a cidade, como se você fosse um imigrante indesejável, vomi- tam pelos becos que você comemorou o dia do enterro, inventam barbaridades a seu respeito. O incrível disso tudo é que algumas dessas pessoas frequentam os bancos da igreja, como se isso lhes desse idoneidade moral.

São pessoas que, apesar de irem à igreja, não devem saber quais são os dez mandamentos, que por sinal deveriam ser onze, com o acréscimo de: NÃO SEJAIS HIPÓCRITA.

O mundo gira, no tempo que passa muito rápido. Aqui es- tou eu, nesta terra que um dia para mim era a felicidade total. Muitos anos depois vivo a tristeza, a decepção e a constatação de muitas coisas.

Minha tia Odette se foi, por isso, aqui estou, no meio dessa desordem que tudo virou. A morte de certas pessoas deixa muita coisa de ponta cabeça na vida dos que sobrevivem. Pessoas queridas que se vão viram objeto da ganância daqueles que nunca souberam que a vida tem mais valores do que aqueles que o dinheiro pode comprar. Esses urubus ficam voando baixo, aguardando o momen- to de atacar.

Onde está a dignidade? A honra? O amor? Uma caixa com joias vale mais do que tudo que essa pessoa fez por você. Uma casa, um carro, também.

Lágrimas falsas, teatrais, fingidas e hipócritas no velório ten- tam em vão esconder o rosto fingido desses abutres. Urubus cho- ram? Jacarés abrem suas bocas enormes para engolir tudo que podem alcançar. "Seres humanos" sem alma, sem coração.

Será que ela fez testamento? Quem serão os felizardos nessa loteria fúnebre? Nossa! Quem será que vai ficar com aquela casa? Onde estão minhas joias? São minhas! Isso tudo enquanto tubos e aparelhos ainda mantêm a rica senhora viva.

Todo o seu viver restou resumido às propriedades e ao dinheiro que tinha. Seu rosto desfigurado pela doença a transforma em outro ser. Não mais aquela pessoa maravilhosa e compreensiva. Seus conselhos e atitudes, nada mais valem agora... E o inventário? Nossa! Parece que tinha muitos dólares!

A rica senhora não tinha filhos e ela própria, ironicamente, costumava dizer: "A quem Deus não dá filhos, o diabo dá sobrinhos". Era na verdade uma profecia que seria realizada. Sua personalidade marcante e decisiva virou a respiração ofegante de um moribundo. Os abutres agora desejam sua morte, seus bicos indecentes se abrem, suas unhas afiadas se preparam para o ataque. Feliz pessoa morta. Nada disso pôde perceber. Morreria de novo, mas não pela doença fatal, e sim pelo desgosto da realidade de parte de sua família, os tais sobrinhos dados pelo capeta.

Junto aos vermes que aos poucos devoram sua carne, sabe que eles são companhia melhor do que os "queridos sobrinhos". Se sentisse essa ingratidão, com certeza deixaria sua herança material para os vermes de verdade.

Descanse em paz. Ainda bem que nada pode sentir. À sua herança maior esses urubus não terão direito: seu amor. As pessoas são indivisíveis e ninguém compra, vende, rouba nem pode modificar o testamento disso. Sua presença no coração dos que a amavam de verdade, nenhum desses vermes poderá destruir.

Você mudou o mundo ou as pessoas? Sim! Você me ensinou de várias formas a escrever, sempre me incentivando e apoiando, e, melhor que isso, a ser quem eu sou. E disso me orgulho muito! Posso sentir em meu coração o seu sorriso, e quero lhe dizer muito obrigado por ter existido e ter feito parte fundamental da minha vida.

Café* (lembra?)

Pretos (Setembro/ 2017)

São José do Rio Preto, anos 60, tempos em que não havia tantas regras contra os preconceitos raciais, tampouco leis que punissem aqueles que porventura ofendiam verbalmente as chamadas "pesso- as de cor".

Meu tio era um advogado conceituado na cidade. Conhecido por sua habilidade enorme de discursar, atuava muito bem em julgamentos, nos quais conseguia sempre se impor aos não tão eloquentes promotores da época.

Graças a essa qualidade, aliada à sua competência enorme como advogado e também ao fato de ser caridoso, nunca cobrando honorários das pessoas pobres, foi eleito com folga vereador.

Numa certa noite de sábado, ele foi convidado a participar de uma solenidade em um clube que existia na época, chamado Clube Salomé, clube este composto somente por — como é o correto de se dizer hoje — "afrodescendentes".

Após um churrasco, regado a muito chopes, caipirinhas e uísques, o ilustre vereador não poderia deixar de ser chamado a brindar todos os presentes com suas costumeiras belas palavras, que sempre emocionavam os ouvintes. Só que havia um probleminha: antes de subir ao palanque armado no salão, ele havia ingerido uma quantidade razoável de chopes e caipirinhas. Mesmo assim, não he- sitou em subir. Sob muitos aplausos, segura o microfone e, após um suspiro, diz em alto e bom som (amplificado para todo o salão):

- PRETOS!

Silêncio total. Como se de repente uma onda de frio invadisse o ambiente, os espectadores, espantados, se entreolhavam sem en- tender direito o que acontecia. Esse suspense durou poucos segun- dos, mas pareceu uma eternidade.

Percebendo que havia cometido uma gafe, o desastrado orador olha para cima, como se procurasse uma ajuda para salvá-lo dessa situação terrível, e repara que, nos fundos do salão, havia uma ima- gem de Nossa Senhora. Com sua incrível capacidade de raciocínio (ou talvez graças à ajuda divina mesmo), conseguiu "salvar" a noite dizendo emocionado e bem alto:

- Sim, pretos!!! São os olhos da Virgem Santíssima que pro- tegem este clube!!!

Sob uma explosão de palmas e gritos de "parabéns", ele conti- nuou tranquilo seu discurso. Ao terminar, foi aplaudido e abraçado por quase todos, provando que era de verdade um magnífico ora- dor, não só pela sua eloquência, mas também pela sua inteligência.

Paredes (Jornal O Trombone/novembro 2001) Brasil, 500 anos: comemorar ou chorar? (Jornal O Trombone/abril 2000)

Como ficar rico (Jornal O Trombone/janeiro 2001) Caminho longo (Jornal O Trombone/dezembro 2002) Luz e sombra (Jornal O Trombone/maio 2004) Ultraje social (Jornal O Trombone/maio 2002) Futuro?! (Jornal Hoje/março 1999)

Tempo (Jornal O Trombone/março 1999)

Significados significantes (Jornal O Trombone/julho 1999)

Significados significantes — parte 2 (Jornal O Trombone/ outubro 1999)

Utopilândia (Jornal O Trombone/maio 1999) Beliscar e assoprar (Jornal o Trombone/agosto 1999) Rir? (Jornal O Trombone/ setembro 1998)

Fim de ano (Jornal O Trombone/janeiro 1999)

Quem inventou o avião? (Jornal O Trombone/novembro 2001)

Espalha fatos (Jornal da Montanha/abril 2018)

Chuva leve, garoa (Jornal O Trombone/dezembro 2003) Zeros demais (Jornal O Trombone/fevereiro 2000)

16 (Jornal O Trombone/agosto 2001)

O homem invisível (Jornal O Trombone/agosto 2002) Felicidade (Jornal O Trombone/julho 2003)

Ainda vou ser (Jornal O Trombone/dezembro 2002) Fica comigo! (Jornal O Trombone/maio 2003)

Luz da vida? (Jornal O Trombone/dezembro 2002) Parque de adversões (Jornal O Trombone/maio 2003)

Passageiro (Jornal O Trombone/agosto 2001)

Pequenas cidades, grandes alegrias (Jornal O Trombone/no-vembro 1999)

Redação, dia 23/04/1965

Dissertação: "Viver"

De um choro de criança num hospital começou o ser a conju- gar o verbo cheio de esperanças e desilusões: viver.

Viver. Um verbo que pode, no sentido espiritual, ser adjetivo. A vida, algo tão misterioso, dá a alguns frutos maduros e saborosos, mas dá também frutos verdes e amargos a outros. Felicidade dá a quem tem demais e desgostos a quem os tem em estoque.

Traiçoeiro, às vezes, é o viver. Geralmente, o nascer de um ser é infelicidade, pois acarreta problemas, principalmente se os pais forem de origem pobre. Sendo ricos, os atrapalhará de participarem de vida sossegada e cheia de prazeres.

É também desgraça caso nasça um ser inútil, que será mais tarde um complexado, um triste.

Viver é desgraça, martírio e poucas vezes alegria.

Ginásio Estadual dos Andrades, 3ª série ginasial, prof. Yara

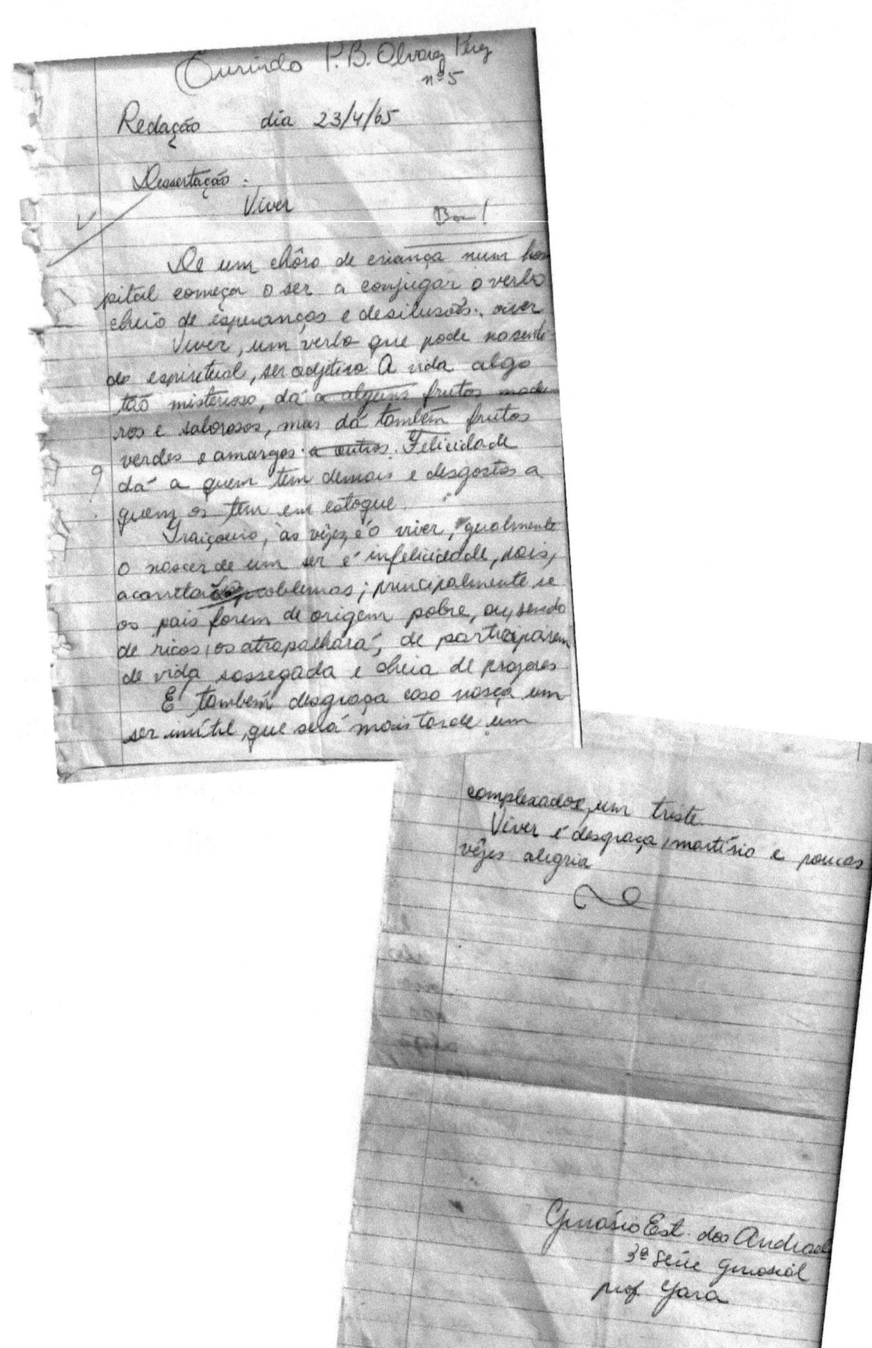

Eurindo P. B. Alvarez Perez nº 5

Redação   dia 23/4/65

Dissertação:

Viver   Boa!

De um chôro de criança num hospital começa o ser a conjugar o verbo cheio de esperanças e desilusões: viver.

Viver, um verbo que pode no sentido espiritual, ser adjetivo. A vida algo tão misterioso, dá a alguns frutos maduros e saborosos, mas dá também frutos verdes e amargos a outros. Felicidade dá a quem tem demais e desgostos a quem os tem em estoque.

Traiçoeiro, as vezes, é o viver, igualmente o nascer de um ser é infelicidade, pois, acarretarão problemas; principalmente se os pais forem de origem pobre, ou sendo de ricos, os atrapalhará, de participarem de vida sossegada e cheia de projetos.

É também desgraça caso nasça um ser inútil, que será mais tarde um complexados, um triste.

Viver é desgraça, martírio e poucas vezes alegria.

Ginásio Est. dos Andrad..
3ª série ginasial
prof. Yara

Eurindo P. Braga A. Perez

129

LIVRO DE VERSOS E CRÔNICAS
foi produzido pela SGuerra Design para
Eurindo Perez em Abril de 2019